Johann Wolfgang von Goethe

Maximen und Reflexionen

Johann Wolfgang von Goethe

Maximen und Reflexionen

marixverlag

Bibliografische Information der Deutschen Nationalbibliothek
Die Deutsche Nationalbibliothek verzeichnet diese Publikation in der Deutschen Nationalbibliografie; detaillierte bibliografische Daten sind im Internet über
http://dnb.d-nb.de abrufbar.

Redaktion: Stefanie Evita Schaefer, marixverlag GmbH
Covergestaltung: Nicole Ehlers, marixverlag GmbH
Bildnachweis: Phönix, Jugenstil-Illustration
Satz und Bearbeitung: C&H Typo-Grafik, Miesbach
Gesetzt in der Adobe Garamond
Gesamtherstellung: CPI books GmbH, Ulm
Printed in Germany

ISBN: 978-3-86539-295-4

www.marixverlag.de

INHALT

Aus den »Wahlverwandtschaften« (1809)

Aus Ottiliens Tagebuche

Wir blicken so gern in die Zukunft, weil wir das Ungefähre, was sich in ihr hin und her bewegt, durch stille Wünsche so gern zu unsern Gunsten heranleiten möchten.

*

Wir befinden uns nicht leicht in großer Gesellschaft, ohne zu denken, der Zufall, der so viele zusammenbringt, solle uns auch unsre Freunde herbeiführen.

*

Man mag noch so eingezogen leben, so wird man, ehe man sich's versieht, ein Schuldner oder ein Gläubiger.

*

Begegnet uns jemand, der uns Dank schuldig ist, gleich fällt es uns ein. Wie oft können wir jemand begegnen, dem wir Dank schuldig sind, ohne daran zu denken!

*

Sich mitzuteilen ist Natur; Mitgeteiltes aufzunehmen, wie es gegeben wird, ist Bildung.

*

Niemand würde viel in Gesellschaften sprechen, wenn er sich bewusst wäre, wie oft er die andern missversteht.

*

Man verändert fremde Reden beim Wiederholen wohl nur darum so sehr, weil man sie nicht verstanden hat.

*

Wer vor andern lange allein spricht, ohne den Zuhörern zu schmeicheln, erregt Widerwillen.

*

Jedes ausgesprochene Wort erregt den Gegensinn.

*

Widerspruch und Schmeichelei machen beide ein schlechtes Gespräch.

*

Die angenehmsten Gesellschaften sind die, in welchen eine heitere Ehrerbietung der Glieder gegeneinander obwaltet.

*

Durch nichts bezeichnen die Menschen mehr ihren Charakter als durch das, was sie lächerlich finden.

*

Das Lächerliche entspringt aus einem sittlichen Kontrast, der auf eine unschädliche Weise für die Sinne in Verbindung gebracht wird.

*

Der sinnliche Mensch lacht oft, wo nichts zu lachen ist. Was ihn auch anregt, sein inneres Behagen kommt zum Vorschein.

*

Der Verständige findet fast alles lächerlich, der Vernünftige fast nichts.

*

Einem bejahrten Manne verdachte man, dass er sich noch um junge Frauenzimmer bemühte. »Es ist das einzige Mittel«, versetzte er, »sich zu verjüngen, und das will doch jedermann.«

*

Man lässt sich seine Mängel vorhalten, man lässt sich strafen, man leidet manches um ihrer willen mit Geduld; aber ungeduldig wird man, wenn man sie ablegen soll.

*

Gewisse Mängel sind notwendig zum Dasein des Einzelnen. Es würde uns unangenehm sein, wenn alte Freunde gewisse Eigenheiten ablegten.

*

Man sagt: »Er stirbt bald«, wenn einer etwas gegen seine Art und Weise tut.

*

Was für Mängel dürfen wir behalten, ja an uns kultivieren? Solche, die den andern eher schmeicheln als sie verletzen.

*

Die Leidenschaften sind Mängel oder Tugenden, nur gesteigerte.

*

Unsre Leidenschaften sind wahre Phönixe. Wie der alte verbrennt, steigt der neue sogleich wieder aus der Asche hervor.

*

Große Leidenschaften sind Krankheiten ohne Hoffnung. Was sie heilen könnte, macht sie erst recht gefährlich.

*

Die Leidenschaft erhöht und mildert sich durchs Bekennen. In nichts wäre die Mittelstraße vielleicht wünschenswerter als im Vertrauen und Verschweigen gegen die, die wir lieben.

*

Man nimmt in der Welt jeden, wofür er sich gibt; aber er muss sich auch für etwas geben. Man erträgt die Unbequemen lieber, als man die Unbedeutenden duldet.

*

Man kann der Gesellschaft alles aufdringen, nur nicht, was eine Folge hat.

*

Wir lernen die Menschen nicht kennen, wenn sie zu uns kommen; wir müssen zu ihnen gehen, um zu erfahren, wie es mit ihnen steht.

*

Ich finde es beinahe natürlich, dass wir an Besuchenden mancherlei auszusetzen haben, dass wir sogleich, wenn sie weg sind, über sie nicht zum liebevollsten urteilen; denn wir haben sozusagen ein Recht, sie nach unserm Maßstabe zu messen. Selbst verständige und billige Menschen enthalten sich in solchen Fällen kaum einer scharfen Zensur.

*

Wenn man dagegen bei andern gewesen ist und hat sie mit ihren Umgebungen, Gewohnheiten, in ihren notwendigen, unausweichlichen Zuständen gesehen, wie sie um sich wirken oder wie sie sich fügen, so gehört schon Unverstand und böser Wille dazu, um das lächerlich zu finden, was uns in mehr als *einem* Sinne ehrwürdig scheinen müsste.

*

Durch das, was wir Betragen und gute Sitten nennen, soll das erreicht werden, was außerdem nur durch Gewalt oder auch nicht einmal durch Gewalt zu erreichen ist.

*

Der Umgang mit Frauen ist das Element guter Sitten.

*

Wie kann der Charakter, die Eigentümlichkeit des Menschen, mit der Lebensart bestehen?

*

Das Eigentümliche müsste durch die Lebensart erst recht hervorgehoben werden. Das Bedeutende will jedermann, nur soll es nicht unbequem sein.

*

Die größten Vorteile im Leben überhaupt wie in der Gesellschaft hat ein gebildeter Soldat.

*

Rohe Kriegsleute gehen wenigstens nicht aus ihrem Charakter, und weil doch meist hinter der Stärke eine Gutmütigkeit verborgen liegt, so ist im Notfall auch mit ihnen auszukommen.

*

Niemand ist lästiger als ein täppischer Mensch vom Zivilstande. Von ihm könnte man die Feinheit fordern, da er sich mit nichts Rohem zu beschäftigen hat.

*

Zutraulichkeit an der Stelle der Ehrfurcht ist immer lächerlich. Es würde niemand den Hut ablegen, nachdem er kaum das Kompliment gemacht hat, wenn er wüsste, wie komisch das aussieht.

*

Es gibt kein äußeres Zeichen der Höflichkeit, das nicht einen tiefen sittlichen Grund hätte. Die rechte Erziehung wäre, welche dieses Zeichen und den Grund zugleich überlieferte.

*

Das Betragen ist ein Spiegel, in welchem jeder sein Bild zeigt.

*

Es gibt eine Höflichkeit des Herzens; sie ist der Liebe verwandt. Aus ihr entspringt die bequemste Höflichkeit des äußern Betragens.

*

Freiwillige Abhängigkeit ist der schönste Zustand, und wie wäre der möglich ohne Liebe!

*

Wir sind nie entfernter von unsern Wünschen, als wenn wir uns einbilden, das Gewünschte zu besitzen.

*

Niemand ist mehr Sklave, als der sich für frei hält, ohne es zu sein.

*

Es darf sich einer nur für frei erklären, so fühlt er sich den Augenblick als bedingt. Wagt er es, sich für bedingt zu erklären, so fühlt er sich frei.

*

Gegen große Vorzüge eines andern gibt es kein Rettungsmittel als die Liebe.

*

Es ist was Schreckliches um einen vorzüglichen Mann, auf den sich die Dummen was zugute tun.

*

Es gibt, sagt man, für den Kammerdiener keinen Helden. Das kommt aber bloß daher, weil der Held nur vom Helden anerkannt werden kann. Der Kammerdiener wird aber wahrscheinlich seinesgleichen zu schätzen wissen.

*

Es gibt keinen größern Trost für die Mittelmäßigkeit, als dass das Genie nicht unsterblich sei.

*

Die größten Menschen hängen immer mit ihrem Jahrhundert durch eine Schwachheit zusammen.

*

Man hält die Menschen gewöhnlich für gefährlicher, als sie sind.

*

Toren und gescheite Leute sind gleich unschädlich. Nur die Halbnarren und Halbweisen, das sind die gefährlichsten.

*

Man weicht der Welt nicht sicherer aus als durch die Kunst, und man verknüpft sich nicht sicherer mit ihr als durch die Kunst.

*

Selbst im Augenblick des höchsten Glücks und der höchsten Not bedürfen wir des Künstlers.

*

Die Kunst beschäftigt sich mit dem Schweren und Guten.

*

Das Schwierige leicht behandelt zu sehen gibt uns das Anschauen des Unmöglichen.

*

Die Schwierigkeiten wachsen, je näher man dem Ziele kommt.

*

Säen ist nicht so beschwerlich als ernten.

Aus der »Farbenlehre«

Des zweiten Bandes erster, historischer Teil (1810)

Dritte Abteilung

Die Kultur des Wissens durch inneren Trieb um der Sache selbst willen, das reine Interesse am Gegenstand sind freilich immer das vorzüglichste und nutzbarste; und doch sind von den frühsten Zeiten an die Einsichten der Menschen in natürliche Dinge durch jenes weniger gefördert worden als durch ein naheliegendes Bedürfnis, durch einen Zufall, den die Aufmerksamkeit nutzte, und durch mancherlei Art von Ausbildung zu entschiedenen Zwecken.

Es gibt bedeutende Zeiten, von denen wir wenig wissen, Zustände, deren Wichtigkeit uns nur durch ihre Folgen deutlich wird. Diejenige Zeit, welche der Same unter der Erde zubringt, gehört vorzüglich mit zum Pflanzenleben.

Es gibt auffallende Zeiten, von denen uns weniges, aber höchst Merkwürdiges bekannt ist. Hier treten außerordentliche Individuen hervor, es ereignen sich seltsame Begebenheiten. Solche Epochen geben einen entschiedenen Eindruck, sie erregen große Bilder, die uns durch ihr Einfaches anziehen.

Die historischen Zeiten erscheinen uns im vollen Tag. Man sieht vor lauter Licht keinen Schatten, vor lauter Hellung keinen Körper, den Wald nicht vor Bäumen, die Menschheit nicht vor Menschen; aber es sieht aus, als wenn jedermann und allem Recht geschähe, und so ist jedermann zufrieden.

Die Existenz irgendeines Wesens erscheint uns ja nur, insofern wir uns desselben bewusst werden. Daher sind wir ungerecht gegen die stillen dunklen Zeiten, in denen der Mensch, unbekannt mit sich selbst, aus innerm starken Antrieb tätig war, trefflich vor sich hin wirkte und kein anderes Dokument seines Daseins zurückließ als eben die Wirkung, welche höher zu schätzen wäre als alle Nachrichten.

Höchst reizend ist für den Geschichtsforscher der Punkt, wo Geschichte und Sage zusammengrenzen. Es ist meistens der schönste der ganzen Überlieferung. Wenn wir uns aus dem bekannten Gewordenen das unbekannte Werden aufzubauen genötigt finden, so erregt es eben die angenehme Empfindung, als wenn wir eine uns bisher unbekannte gebildete Person kennenlernen und die Geschichte ihrer Bildung lieber herausahnden als herausforschen.

Nur müsste man nicht so griesgrämig, wie es würdige Historiker neuerer Zeit getan haben, auf Dichter und Chronikenschreiber herabsehen.

Betrachtet man die einzelne frühere Ausbildung der Zeiten, Gegenden, Ortschaften, so kommen uns aus der dunklen Vergangenheit überall tüchtige und vortreffliche Menschen, tapfere, schöne, gute in herrlicher Gestalt entgegen. Der Lobgesang der Menschheit, dem die Gottheit so gerne zuhören mag, ist niemals verstummt, und wir selbst fühlen ein göttliches Glück, wenn wir die durch alle Zeiten und Gegenden verteilten harmonischen Ausströmungen bald in einzelnen Stimmen, in einzelnen Chören, bald fugenweise, bald in einem herrlichen Vollgesang vernehmen.

Freilich müsste man mit reinem, frischen Ohre hinlauschen und jedem Vorurteil selbstsüchtiger Parteilichkeit, mehr vielleicht, als dem Menschen möglich ist, entsagen.

Es gibt zwei Momente der Weltgeschichte, die bald aufeinander folgen, bald gleichzeitig, teils einzeln und abgesondert, teils höchst verschränkt, sich an Individuen und Völkern zeigen.

Der erste ist derjenige, in welchem sich die Einzelnen nebeneinander frei ausbilden; dies ist die Epoche des Werdens, des Friedens, des Nährens, der Künste, der Wissenschaften, der Gemütlichkeit, der Vernunft. Hier wirkt alles nach innen und strebt in den besten Zeiten zu einem glücklichen, häuslichen Auferbauen; doch löst sich dieser Zustand zuletzt in Parteisucht und Anarchie auf.

Die zweite Epoche ist die des Benutzens, des Kriegens, des Verzehrens, der Technik, des Wissens, des Verstandes. Die Wirkungen sind nach außen gerichtet; im schönsten und höchsten Sinne gewährt dieser Zeitpunkt Dauer und Genuss unter gewissen Bedingungen. Leicht artet jedoch ein solcher Zustand in Selbstsucht und Tyrannei aus, wo man sich aber keinesweges den Tyrannen als eine einzelne Person zu denken nötig hat; es gibt eine Tyrannei ganzer Massen, die höchst gewaltsam und unwiderstehlich ist.

Man mag sich die Bildung und Wirkung der Menschen unter welchen Bedingungen man will denken, so schwanken beide durch Zeiten und Länder, durch Einzelnheiten und Massen, die proportionierlich und unproportionierlich aufeinander wirken; und hier liegt das Inkalkulable, das Inkommensurable der Weltgeschichte. Gesetz und Zufall greifen ineinander, der betrachtende Mensch aber kommt oft in den Fall, beide miteinander zu verwechseln, wie sich besonders an parteiischen Historikern bemerken lässt, die zwar meistens unbewusst, aber doch künstlich genug sich eben dieser Unsicherheit zu ihrem Vorteil bedienen.

Der schwache Faden, der sich aus dem manchmal so breiten Gewebe des Wissens und der Wissenschaften durch alle Zeiten, selbst die dunkelsten und verworrensten, ununterbrochen fortzieht, wird durch Individuen durchgeführt. Diese werden in einem Jahrhundert wie in dem andern von der besten Art geboren und verhalten sich immer auf dieselbe Weise gegen jedes Jahrhundert, in welchem sie vorkommen. Sie stehen nämlich mit der Menge im Gegensatz, ja im Widerstreit. Ausgebildete Zeiten haben hierin nichts voraus vor den barbarischen: denn Tugenden sind zu jeder Zeit selten, Mängel gemein. Und stellt sich denn nicht sogar im Individuum eine Menge von Fehlern der einzelnen Tüchtigkeit entgegen?

Gewisse Tugenden gehören der Zeit an, und so auch gewisse Mängel, die einen Bezug auf sie haben.

Die neuere Zeit schätzt sich selbst zu hoch, wegen der großen Masse Stoffes, den sie umfasst. Der Hauptvorzug des Menschen beruht aber nur darauf, inwiefern er den Stoff zu behandeln und zu beherrschen weiß.

Es gibt zweierlei Erfahrungsarten, die Erfahrung des Abwesenden und die des Gegenwärtigen. Die Erfahrung des Abwesenden, wozu das Vergangene gehört, machen wir auf fremde Autorität, die des Gegenwärtigen sollten wir auf eigene Autorität machen. Beides gehörig zu tun, ist die Natur des Individuums durchaus unzulänglich.

Die ineinandergreifenden Menschen- und Zeitalter nötigen uns, eine mehr oder weniger untersuchte Überlieferung gelten zu lassen, um so mehr, als auf der Möglichkeit dieser Überlieferung die Vorzüge des menschlichen Geschlechts beruhen. Überlieferung fremder Erfahrung, fremden Urteils sind bei so großen Bedürfnissen der eingeschränkten Menschheit höchst willkommen, besonders wenn von hohen Dingen, von allgemeinen Anstalten die Rede ist.

Ein ausgesprochnes Wort tritt in den Kreis der übrigen, notwendig wirkenden Naturkräfte mit ein. Es wirkt umso lebhafter, als in dem engen Raume, in welchem die Menschheit sich ergeht, die nämlichen Bedürfnisse, die nämlichen Forderungen immer wiederkehren.

Und doch ist jede Wortüberlieferung so bedenklich. Man soll sich, heißt es, nicht an das Wort, sondern an den Geist halten. Gewöhnlich aber vernichtet der Geist das Wort oder verwandelt es doch dergestalt, dass ihm von seiner frühern Art und Bedeutung wenig übrig bleibt.

Wir stehen mit der Überlieferung beständig im Kampfe, und jene Forderung, dass wir die Erfahrung des Gegenwärtigen auf eigene Autorität machen sollten, ruft uns gleichfalls zu einem bedenklichen Streit auf. Und doch fühlt ein Mensch, dem eine originelle Wirksamkeit zuteil geworden, den Beruf, diesen doppelten Kampf persönlich zu bestehen, der durch den Fortschritt der Wissenschaften nicht erleichtert, sondern erschwert wird. Denn es ist am Ende doch nur immer das Individuum, das einer breiteren Natur und breiteren Überlieferung Brust und Stirn bieten soll.

Der Konflikt des Individuums mit der unmittelbaren Erfahrung und der mittelbaren Überlieferung ist eigentlich die Geschichte der Wissenschaften: denn was in und von ganzen Massen geschieht, bezieht sich doch nur zuletzt auf ein tüchtigeres Individuum, das alles sammeln, sondern, redigieren und vereinigen soll; wobei es wirklich ganz einerlei ist, ob die Zeitgenossen ein solch Bemühen begünstigen oder ihm widerstreben. Denn was heißt begünstigen, als das Vorhandene vermehren und allgemein machen. Dadurch wird wohl genutzt, aber die Hauptsache nicht gefördert.

Sowohl in Absicht auf Überlieferung als eigene Erfahrung muss nach Natur der Individuen, Nationen und Zeiten ein sonderbares Entgegenstreben, Schwanken und Vermischen entstehen.

Gehalt ohne Methode führt zur Schwärmerei, Methode ohne Gehalt zum leeren Klügeln; Stoff ohne Form zum beschwerlichen Wissen, Form ohne Stoff zu einem hohlen Wähnen.

Leider besteht der ganze Hintergrund der Geschichte der Wissenschaften bis auf den heutigen Tag aus lauter solchen beweglichen, ineinanderfließenden und sich doch nicht vereinigenden Gespenstern, die den Blick dergestalt verwirren, dass man die hervortretenden, wahrhaft würdigen Gestalten kaum recht scharf ins Auge fassen kann.

Aus »Kunst und Altertum«

Ersten Bandes drittes Heft (1818)

Naivität und Humor

Die Kunst ist ein ernsthaftes Geschäft, am ernsthaftesten, wenn sie sich mit edlen, heiligen Gegenständen beschäftigt; der Künstler aber steht über der Kunst und dem Gegenstande: über jener, da er sie zu seinen Zwecken braucht, über diesem, weil er ihn nach eigner Weise behandelt.

*

Die bildende Kunst ist auf das Sichtbare angewiesen, auf die äußere Erscheinung des Natürlichen. Das rein Natürliche, insofern es sittlich gefällig ist, nennen wir naiv. Naive Gegenstände sind also das Gebiet der Kunst, die ein sittlicher Ausdruck des Natürlichen sein soll. Gegenstände, die nach beiden Seiten hinweisen, sind die günstigsten.

*

Das Naive als natürlich ist mit dem Wirklichen verschwistert. Das Wirkliche ohne sittlichen Bezug nennen wir gemein.

*

Die Kunst an und für sich selbst ist edel; deshalb fürchtet sich der Künstler nicht vor dem Gemeinen. Ja indem er es aufnimmt, ist es schon geadelt, und so sehen wir die größten Künstler mit Kühnheit ihr Majestätsrecht ausüben.

*

In jedem Künstler liegt ein Keim von Verwegenheit, ohne den kein Talent denkbar ist, und dieser wird besonders rege, wenn man den Fähigen einschränken und zu einseitigen Zwecken dingen und brauchen will.

*

Raffael ist unter den neuern Künstlern auch hier wohl der reinste. Er ist durchaus naiv, das Wirkliche kommt bei ihm nicht zum Streit mit dem Sittlichen oder gar Heiligen. Der Teppich, worauf die Anbetung der Könige abgebildet ist, eine überschwänglich herrliche Komposition, zeigt von dem ältesten anbetenden Fürsten bis zu den Mohren und Affen, die sich auf den Kamelen mit Äpfeln ergötzen, eine ganze Welt. Hier durfte der heilige Joseph auch ganz naiv charakterisiert werden als Pflegevater, der sich über die eingekommenen Geschenke freut.

*

Auf den heiligen Joseph überhaupt haben es die Künstler abgesehen. Die Byzantiner, denen man nicht nachsagen kann, dass sie überflüssigen Humor anbrächten, stellen doch bei der Geburt den Heiligen immer verdrießlich vor. Das Kind liegt in der Krippe, die Tiere schauen hinein, verwundert, statt ihres trockenen Futters ein lebendiges, himmlisch-anmutiges Geschöpf zu finden. Engel verehren den Ankömmling, die Mutter sitzt still dabei; Sankt Joseph aber sitzt abgewendet und kehrt unmutig den Kopf nach der sonderbaren Szene.

*

Der Humor ist eins der Elemente des Genies, aber sobald er vorwaltet, nur ein Surrogat desselben; er begleitet die abnehmende Kunst, zerstört, vernichtet sie zuletzt.

*

Hierüber kann eine Arbeit anmutig aufklären, die wir vorbe reiten: sämtliche Künstler nämlich, die uns schon von so manchen Seiten bekannt sind, ausschließlich von der *ethischen* zu betrachten, aus den Gegenständen und der Behandlung ihrer Werke zu entwickeln, was Zeit und Ort, Nation und Lehrmeister, was eigne unzerstörliche Individualität beigetragen, sie zu dem zu bilden, was sie wurden, sie bei dem zu erhalten, was sie waren.

Zweiten Bandes drittes Heft (1820)

Bedenklichstes

Gar oft im Laufe des Lebens, mitten in der größten Sicherheit des Wandels bemerken wir auf einmal, dass wir in einem Irrtum befangen sind, dass wir uns für Personen, für Gegenstände einnehmen ließen, ein Verhältnis zu ihnen erträumten, das dem erwachten Auge sogleich verschwindet; und doch können wir uns nicht losreißen, eine Macht hält uns fest, die uns unbegreiflich scheint. Manchmal jedoch kommen wir zum völligen Bewusstsein und begreifen, dass ein Irrtum so gut als ein Wahres zur Tätigkeit bewegen und antreiben kann. Weil nun die Tat überall entscheidend ist, so kann aus einem tätigen Irrtum etwas Treffliches entstehen, weil die Wirkung jedes Getanen ins Unendliche reicht. So ist das Hervorbringen freilich immer das Beste, aber auch das Zerstören ist nicht ohne glückliche Folge.

Der wunderbarste Irrtum aber ist derjenige, der sich auf uns selbst und unsere Kräfte bezieht: dass wir uns einem würdigen Geschäft, einem ehrsamen Unternehmen widmen, dem wir nicht gewachsen sind, dass wir nach einem Ziel streben, das wir nie erreichen können. Die daraus entspringende tantalisch-sisyphische Qual empfindet jeder nur um desto bitterer, je redlicher er es meinte. Und doch sehr oft, wenn wir uns von dem Beabsichtigten für ewig getrennt sehen, haben wir schon auf unserm Wege irgendein anderes Wünschenswerte[s] gefunden, etwas uns Gemäßes, mit dem uns zu begnügen wir eigentlich geboren sind.

Dritten Bandes erstes Heft (1821)

Eigenes und Angeeignetes in Sprüchen

Wenn der Mensch alles leisten soll, was man von ihm fordert, so muss er sich für mehr halten, als er ist.

*

Solange das nicht ins Absurde geht, erträgt man's auch gern.

*

Die Arbeit macht den Gesellen.

*

Gewisse Bücher scheinen geschrieben zu sein, nicht damit man daraus lerne, sondern damit man wisse, dass der Verfasser etwas gewusst hat.

*

Sie peitschen den Quark, ob nicht etwa Creme daraus werden wolle.

*

Es ist weit eher möglich, sich in den Zustand eines Gehirns zu versetzen, das im entschiedensten Irrtum befangen ist, als eines, das Halbwahrheiten sich vorspiegelt.

*

Die Lust der Deutschen am Unsichern in den Künsten kommt aus der Pfuscherei her; denn wer pfuscht, darf das Rechte nicht gelten lassen, sonst wäre er gar nichts.

*

Es ist traurig anzusehen, wie ein außerordentlicher Mensch sich gar oft mit sich selbst, seinen Umständen, seiner Zeit herumwürgt, ohne auf einen grünen Zweig zu kommen. Trauriges Beispiel: Bürger.

*

Die größte Achtung, die ein Autor für sein Publikum haben kann, ist, dass er niemals bringt, was man erwartet, sondern was er selbst auf der jedesmaligen Stufe eigner und fremder Bildung für recht und nützlich hält.

*

Die Weisheit ist nur in der Wahrheit.

*

Wenn ich irre, kann es jeder bemerken, wenn ich lüge, nicht.

*

Der Deutsche hat Freiheit der Gesinnung, und daher merkt er nicht, wenn es ihm an Geschmacks- und Geistesfreiheit fehlt.

*

Ist denn die Welt nicht schon voller Rätsel genug, dass man die einfachsten Erscheinungen auch noch zu Rätseln machen soll?

*

Das kleinste Haar wirft seinen Schatten.

*

Was ich in meinem Leben durch falsche Tendenzen versucht habe zu tun, hab ich denn doch zuletzt gelernt begreifen.

*

Die Freigebigkeit erwirbt einem jeden Gunst, vorzüglich wenn sie von Demut begleitet wird.

*

Vor dem Gewitter erhebt sich zum letzten Male der Staub gewaltsam, der nun bald für lange getilgt sein soll.

*

Die Menschen kennen einander nicht leicht, selbst mit dem besten Willen und Vorsatz; nun tritt noch der böse Wille hinzu, der alles entstellt.

*

Man würde einander besser kennen, wenn sich nicht immer einer dem andern gleichstellen wollte.

*

Ausgezeichnete Personen sind daher übler dran als andere: da man sich mit ihnen nicht vergleicht, passt man ihnen auf.

*

In der Welt kommt's nicht drauf an, dass man die Menschen kenne, sondern dass man im Augenblick klüger sei als der vor uns Stehende. Alle Jahrmärkte und Marktschreier geben Zeugnis.

*

Nicht überall, wo Wasser ist, sind Frösche; aber wo man Frösche hört, ist Wasser.

*

Wer fremde Sprachen nicht kennt, weiß nichts von seiner eigenen.

*

Der Irrtum ist recht gut, solange wir jung sind; man muss ihn nur nicht mit ins Alter schleppen.

*

Alle Travers, die veralten, sind unnützes ranziges Zeug.

*

Durch die despotische Unvernunft des Kardinal Richelieu war Corneille an sich selbst irre geworden.

*

Die Natur gerät auf Spezifikationen wie in eine Sackgasse: sie kann nicht durch und mag nicht wieder zurück; daher die Hartnäckigkeit der Nationalbildung.

*

Metamorphose im höhern Sinn durch Nehmen und Geben, Gewinnen und Verlieren hat schon Dante trefflich geschildert.

*

Jeder hat etwas in seiner Natur, das, wenn er es öffentlich ausspräche, Missfallen erregen müsste.

*

Wenn der Mensch über sein Physisches oder Moralisches nachdenkt, findet er sich gewöhnlich krank.

*

Es ist eine Forderung der Natur, dass der Mensch mitunter betäubt werde, ohne zu schlafen; daher der Genuss im Tabakrauchen, Branntweintrinken, Opiaten.

*

Dem tätigen Menschen kommt es darauf an, dass er das Rechte tue; ob das Rechte geschehe, soll ihn nicht kümmern.

*

Mancher klopft mit dem Hammer an der Wand herum und glaubt, er treffe jedes Mal den Nagel auf den Kopf.

*

Die französischen Worte sind nicht aus geschriebenen lateinischen Worten entstanden, sondern aus gesprochenen.

*

Das Zufällig-Wirkliche, an dem wir weder ein Gesetz der Natur noch der Freiheit für den Augenblick entdecken, nennen wir das Gemeine.

*

Bemalung und Punktierung der Körper ist eine Rückkehr zur Tierheit.

*

Geschichte schreiben ist eine Art, sich das Vergangene vom Halse zu schaffen.

*

Was man nicht versteht, besitzt man nicht.

*

Nicht jeder, dem man Prägnantes überliefert, wird produktiv; es fällt ihm wohl etwas ganz Bekanntes dabei ein.

*

Gunst, als Symbol der Souveränität, von schwachen Menschen ausgeübt.

*

Es gibt nichts Gemeines, was, fratzenhaft ausgedruckt, nicht humoristisch aussähe.

*

Es bleibt einem jeden immer noch so viel Kraft, das auszuführen, wovon er überzeugt ist.

*

Das Gedächtnis mag immer schwinden, wenn das Urteil im Augenblick nicht fehlt.

*

Die sogenannten Naturdichter sind frisch und neu aufgeforderte, aus einer überbildeten, stockenden, manierierten Kunstepoche zurückgewiesene Talente. Dem Platten können sie nicht ausweichen, man kann sie daher als rückschreitend ansehen; sie sind aber regenerierend und veranlassen neue Vorschritte.

*

Keine Nation gewinnt ein Urteil, als wenn sie über sich selbst urteilen kann. Zu diesem großen Vorteil gelangt sie aber sehr spät.

*

Anstatt meinen Worten zu widersprechen, sollten sie nach meinem Sinne handeln.

*

Die Natur verstummt auf der Folter; ihre treue Antwort auf redliche Frage ist: Ja! ja! Nein! nein! Alles Übrige ist vom Übel.

*

Die Menschen verdrießt's, dass das Wahre so einfach ist; sie sollten bedenken, dass sie noch Mühe genug haben, es praktisch zu ihrem Nutzen anzuwenden.

*

Ich verwünsche die, die aus dem Irrtum eine eigene Welt machen und doch unablässig fordern, dass der Mensch nützlich sein müsse.

*

Eine Schule ist als ein einziger Mensch anzusehen, der hundert Jahre mit sich selbst spricht und sich in seinem eignen Wesen, und wenn es auch noch so albern wäre, ganz außerordentlich gefällt.

*

Eine falsche Lehre lässt sich nicht widerlegen, denn sie ruht ja auf der Überzeugung, dass das Falsche wahr sei. Aber das Gegenteil kann, darf und muss man wiederholt aussprechen.

*

Man streiche zwei Stäbchen, einen rot an, den andern blau, man bringe sie nebeneinander ins Wasser, und einer wird gebrochen erscheinen wie der andere. Jeder kann dieses einfache Experiment mit den Augen des Leibes erblicken; wer es mit Geistesaugen beschaut, wird von tausend und abertausend irrtümlichen Paragraphen befreit sein.

*

Alle Gegner einer geistreichen Sache schlagen nur in die Kohlen: diese springen umher und zünden da, wo sie sonst nicht gewirkt hätten.

*

Der Mensch wäre nicht der Vornehmste auf der Erde, wenn er nicht zu vornehm für sie wäre.

*

Das längst Gefundene wird wieder verscharrt; wie bemühte sich Tycho, die Kometen zu regelmäßigen Körpern zu machen, wofür sie Seneca längst anerkannt!

*

Wie lange hat man über die Antipoden hin und her gestritten!

*

Gewissen Geistern muss man ihre Idiotismen lassen.

*

Es werden jetzt Produktionen möglich, die null sind, ohne schlecht zu sein: null, weil sie keinen Gehalt haben, nicht schlecht, weil eine allgemeine Form guter Muster den Verfassern vorschwebt.

*

Der Schnee ist eine erlogene Reinlichkeit.

*

Wer sich vor der Idee scheut, hat auch zuletzt den Begriff nicht mehr.

*

Unsere Meister nennen wir billig die, von denen wir immer lernen. Nicht ein jeder, von dem wir lernen, verdient diesen Titel.

*

Alles Lyrische muss im Ganzen sehr vernünftig, im Einzelnen ein bisschen unvernünftig sein.

*

Es hat mit euch eine Beschaffenheit wie mit dem Meer, dem man unterschiedentliche Namen gibt, und es ist doch endlich alles gesalzen Wasser.

*

Man sagt: »Eitles Eigenlob stinket.« Das mag sein; was aber fremder und ungerechter Tadel für einen Geruch habe, dafür hat das Publikum keine Nase.

*

Der Roman ist eine subjektive Epopée, in welcher der Verfasser sich die Erlaubnis ausbittet, die Welt nach seiner Weise zu behandeln. Es fragt sich also nur, ob er eine Weise habe; das andere wird sich schon finden.

*

Es gibt problematische Naturen, die keiner Lage gewachsen sind, in der sie sich befinden, und denen keine genugtut. Daraus entsteht der ungeheure Widerstreit, der das Leben ohne Genuss verzehrt.

*

Das eigentlich wahrhaft Gute, was wir tun, geschieht größtenteils clam, vi et precario.

*

Ein lustiger Gefährte ist ein Rollwagen auf der Wanderschaft.

*

Der Schmutz ist glänzend, wenn die Sonne scheinen mag.

*

Der Müller denkt, es wachse kein Weizen, als damit seine Mühle gehe.

*

Es ist schwer, gegen den Augenblick gerecht sein: der gleichgültige macht uns Langeweile, am guten hat man zu tragen und am bösen zu schleppen.

*

Der ist der glücklichste Mensch, der das Ende seines Lebens mit dem Anfang in Verbindung setzen kann.

*

So eigensinnig widersprechend ist der Mensch: zu seinem Vorteil will er keine Nötigung, zu seinem Schaden leidet er jeden Zwang.

*

Die Vorsicht ist einfach, die Hinterdreinsicht vielfach.

*

Ein Zustand, der alle Tage neuen Verdruss zuzieht, ist nicht der rechte.

*

Bei Unvorsichtigkeiten ist nichts gewöhnlicher, als Aussichten auf die Möglichkeit eines Auswegs zu suchen.

*

Die Hindus der Wüste geloben, keine Fische zu essen.

*

Ein unzulängliches Wahre wirkt eine Zeitlang fort, statt völliger Aufklärung aber tritt auf einmal ein blendendes Falsche herein; das genügt der Welt, und so sind Jahrhunderte betört.

*

In den Wissenschaften ist es höchst verdienstlich, das unzulängliche Wahre, was die Alten schon besessen, aufzusuchen und weiterzuführen.

*

Es ist mit Meinungen, die man wagt, wie mit Steinen, die man voran im Brette bewegt: sie können geschlagen werden, aber sie haben ein Spiel eingeleitet, das gewonnen wird.

*

Es ist so gewiss als wunderbar, dass Wahrheit und Irrtum aus *einer* Quelle entstehen; deswegen man oft dem Irrtum nicht schaden darf, weil man zugleich der Wahrheit schadet.

*

Die Wahrheit gehört dem Menschen, der Irrtum der Zeit an. Deswegen sagte man von einem außerordentlichen Manne: »Le malheur des temps a causé son erreur, mais la force de son âme l'en a fait sortir avec gloire.«

*

Jedermann hat seine Eigenheiten und kann sie nicht loswerden; und doch geht mancher an seinen Eigenheiten, oft an den unschuldigsten, zugrunde.

*

Wer sich nicht zuviel dünkt, ist viel mehr, als er glaubt.

*

In Kunst und Wissenschaft so wie im Tun und Handeln kommt alles darauf an, dass die Objekte rein aufgefasst und ihrer Natur gemäß behandelt werden.

*

Wenn verständige, sinnige Personen im Alter die Wissenschaft geringschätzen, so kommt es nur daher, dass sie von ihr und von sich zu viel gefordert haben.

*

Ich bedauere die Menschen, welche von der Vergänglichkeit der Dinge viel Wesens machen und sich in Betrachtung irdischer Nichtigkeit verlieren. Sind wir ja eben deshalb da, um das Vergängliche unvergänglich zu machen; das kann ja nur dadurch geschehen, wenn man beides zu schätzen weiß.

*

Ein Phänomen, *ein* Versuch kann nichts beweisen; es ist das Glied einer großen Kette, das erst im Zusammenhange gilt. Wer eine Perlenschnur verdecken und nur die schönste einzelne vorzeigen wollte, verlangend, wir sollten ihm glauben, die übrigen seien alle so: schwerlich würde sich jemand auf den Handel einlassen.

*

Abbildungen, Wortbeschreibung, Maß, Zahl und Zeichen stellen noch immer kein Phänomen dar. Darum bloß konnte sich die Newtonische Lehre so lange halten, dass der Irrtum in dem Quartbande der lateinischen Übersetzung für ein paar Jahrhunderte einbalsamiert war.

*

Man muss sein Glaubensbekenntnis von Zeit zu Zeit wiederholen, aussprechen, was man billigt, was man verdammt; der Gegenteil lässt's ja auch nicht daran fehlen.

*

In der jetzigen Zeit soll niemand schweigen oder nachgeben; man muss reden und sich rühren, nicht um zu überwinden, sondern sich auf seinem Posten zu erhalten; ob bei der Majorität oder Minorität, ist ganz gleichgültig.

*

Was die Franzosen tournure nennen, ist eine zur Anmut gemilderte Anmaßung. Man sieht daraus, dass die Deutschen keine tournure haben können: ihre Anmaßung ist hart und herb, ihre Anmut mild und demütig; das eine schließt das andere aus und sind nicht zu verbinden.

*

Einen Regenbogen, der eine Viertelstunde steht, sieht man nicht mehr an.

*

Es begegnete und geschieht mir noch, dass ein Werk bildender Kunst mir beim ersten Anblick missfällt, weil ich ihm nicht gewachsen bin; ahnd ich aber ein Verdienst daran, so such ich ihm beizukommen, und dann fehlt es nicht an den erfreulichsten Entdeckungen: an den Dingen werd ich neue Eigenschaften und an mir neue Fähigkeiten gewahr.

*

Der Glaube ist ein häuslich heimlich Kapital, wie es öffentliche Spar- und Hilfskassen gibt, woraus man in Tagen der Not einzelnen ihr Bedürfnis reicht; hier nimmt der Gläubige sich seine Zinsen im Stillen selbst.

*

Das Leben, so gemein es aussieht, so leicht es sich mit dem Gewöhnlichen, Alltäglichen zu befriedigen scheint, hegt und pflegt doch immer gewisse höhere Forderungen im Stillen fort und sieht sich nach Mitteln um, sie zu befriedigen.

*

Der eigentliche Obskurantismus ist nicht, dass man die Ausbreitung des Wahren, Klaren, Nützlichen hindert, sondern dass man das Falsche in Kurs bringt.

Vierten Bandes zweites Heft (1823)

Eigenes und Angeeignetes

Der Irrtum ist viel leichter zu erkennen, als die Wahrheit zu finden; jener liegt auf der Oberfläche, damit lässt sich wohl fertig werden; diese ruht in der Tiefe, danach zu forschen ist nicht jedermanns Sache.

*

Wir alle leben vom Vergangnen und gehen am Vergangenen zugrunde.

*

Wie wir was Großes lernen sollen, flüchten wir uns gleich in unsre angeborne Armseligkeit und haben doch immer etwas gelernt.

*

Den Deutschen ist nichts daran gelegen, zusammenzubleiben, aber doch, für sich zu bleiben. Jeder, sei er auch, welcher er wolle, hat so ein eignes *Für-sich,* das er sich nicht gern möchte nehmen lassen.

*

Die empirisch-sittliche Welt besteht größtenteils nur aus bösem Willen und Neid.

*

Der Aberglaube ist die Poesie des Lebens; deswegen schadet's dem Dichter nicht, abergläubisch zu sein.

*

Mit dem Vertrauen ist es eine wunderliche Sache. Hört man nur *einen*: der kann sich irren oder sich betrügen; hört man viele: die sind in demselbigen Falle, und gewöhnlich findet man da die Wahrheit gar nicht heraus.

*

Unreine Lebensverhältnisse soll man niemand wünschen; sie sind aber für den, der zufällig hineingerät, Prüfsteine des Charakters und des Entschiedensten, was der Mensch vermag.

*

Ein beschränkter, ehrlicher Mensch sieht oft die Schelmerei der feinsten Mächler (faiseurs) durch und durch.

*

Wer keine Liebe fühlt, muss schmeicheln lernen, sonst kommt er nicht aus.

*

Gegen die Kritik kann man sich weder schützen noch wehren; man muss ihr zum Trutz handeln, und das lässt sie sich nach und nach gefallen.

*

Die Menge kann tüchtige Menschen nicht entbehren, und die Tüchtigen sind ihnen jederzeit zur Last.

*

Wer meine Fehler überträgt, ist mein Herr, und wenn's mein Diener wäre.

*

Memoiren von oben herunter oder von unten hinauf: sie müssen sich immer begegnen.

*

Wenn man von den Leuten Pflichten fordert und ihnen keine Rechte zugestehen will, muss man sie gut bezahlen.

*

Das sogenannte Romantische einer Gegend ist ein stilles Gefühl des Erhabenen unter der Form der Vergangenheit oder, was gleich lautet, der Einsamkeit, Abwesenheit, Abgeschiedenheit.

*

Der herrliche Kirchengesang »Veni Creator Spiritus« ist ganz eigentlich ein Appell ans Genie; deswegen er auch geist- und kraftreiche Menschen gewaltig anspricht.

*

Das Schöne ist eine Manifestation geheimer Naturgesetze, die uns ohne dessen Erscheinung ewig wären verborgen geblieben.

*

Aufrichtig zu sein kann ich versprechen, unparteiisch zu sein aber nicht.

*

Der Undank ist immer eine Art Schwäche. Ich habe nie gesehen, dass tüchtige Menschen wären undankbar gewesen.

*

Wir alle sind so borniert, dass wir immer glauben, recht zu haben; und so lässt sich ein außerordentlicher Geist denken, der nicht allein irrt, sondern sogar Lust am Irrtum hat.

*

Reine mittlere Wirkung zur Vollendung des Guten und Rechten ist sehr selten; gewöhnlich sehen wir Pedanterie, welche zu retardieren, Frechheit, die zu übereilen strebt.

*

Wort und Bild sind Korrelate, die sich immerfort suchen, wie wir an Tropen und Gleichnissen genugsam gewahr werden. So von jeher, was dem Ohr nach innen gesagt oder gesungen war, sollte dem Auge gleichfalls entgegenkommen. Und so sehen wir in kindlicher Zeit in Gesetzbuch und Heilsordnung, in Bibel und Fibel sich Wort und Bild immerfort balancieren. Wenn man aussprach, was sich nicht bilden, bildete, was sich nicht aussprechen ließ, so war das ganz recht; aber man vergriff sich gar oft und sprach, statt zu bilden, und daraus entstanden die doppelt bösen symbolisch-mystischen Ungeheuer.

*

Wer sich mit Wissenschaften abgibt, leidet erst durch Retardationen und dann durch Präokkupationen. Die erste Zeit wollen die Menschen dem keinen Wert zugestehen, was wir ihnen überliefern, und dann gebärden sie sich, als wenn ihnen alles schon bekannt wäre, was wir ihnen überliefern könnten.

*

Eine Sammlung von Anekdoten und Maximen ist für den Weltmann der größte Schatz, wenn er die ersten an schicklichen Orten ins Gespräch einzustreuen, der letzten im treffenden Falle sich zu erinnern weiß.

*

Man sagt: »Studiere, Künstler, die Natur!« Es ist aber keine Kleinigkeit, aus dem Gemeinen das Edle, aus der Unform das Schöne zu entwickeln.

*

Wo der Anteil sich verliert, verliert sich auch das Gedächtnis.

*

Die Welt ist eine Glocke, die einen Riss hat: sie klappert, aber klingt nicht.

*

Die Zudringlichkeiten junger Dilettanten muss man mit Wohlwollen ertragen: sie werden im Alter die wahrsten Verehrer der Kunst und des Meisters.

*

Wenn die Menschen recht schlecht werden, haben sie keinen Anteil mehr als die Schadenfreude.

*

Gescheute Leute sind immer das beste Konversationslexikon.

*

Es gibt Menschen, die gar nicht irren, weil sie sich nichts Vernünftiges vorsetzen.

*

Kenne ich mein Verhältnis zu mir selbst und zur Außenwelt, so heiß ich's Wahrheit. Und so kann jeder seine eigene Wahrheit haben, und es ist doch immer dieselbige.

*

Das Besondere unterliegt ewig dem Allgemeinen; das Allgemeine hat ewig sich dem Besondern zu fügen.

*

Vom eigentlich Produktiven ist niemand Herr, und sie müssen es alle nur so gewähren lassen.

*

Wem die Natur ihr offenbares Geheimnis zu enthüllen anfängt, der empfindet eine unwiderstehliche Sehnsucht nach ihrer würdigsten Auslegerin, der Kunst.

*

Die Zeit ist selbst ein Element.

*

Der Mensch begreift niemals, wie anthropomorphisch er ist.

*

Ein Unterschied, der dem Verstand nichts gibt, ist kein Unterschied.

*

In der Phanerogamie ist noch so viel Kryptogamisches, dass Jahrhunderte es nicht entziffern werden.

*

Die Verwechselung eines Konsonanten mit dem andern möchte wohl aus Unfähigkeit des Organs, die Verwandlung der Vokale in Diphthongen aus einem eingebildeten Pathos entstehen.

*

Wenn man alle Gesetze studieren sollte, so hätte man gar keine Zeit, sie zu übertreten.

*

Man kann nicht für jedermann leben, besonders für die nicht, mit denen man nicht leben möchte.

*

Der Appell an die Nachwelt entspringt aus dem reinen lebendigen Gefühl, dass es ein Unvergängliches gebe und, wenn auch nicht gleich anerkannt, doch zuletzt aus der Minorität sich der Majorität werde zu erfreuen haben.

*

Geheimnisse sind noch keine Wunder.

*

I convertiti stanno freschi appresso di me.

*

Leichtsinnige, leidenschaftliche Begünstigung problematischer Talente war ein Fehler meiner frühern Jahre, den ich niemals ganz ablegen konnte.

*

Ich möchte gern ehrlich mit dir sein, ohne dass wir uns entzweiten; das geht aber nicht. Du benimmst dich falsch und setzest dich zwischen zwei Stühle, Anhänger gewinnst du nicht und verlierst deine Freunde. Was soll daraus werden!

*

Es ist ganz einerlei, vornehm oder gering sein: das Menschliche muss man immer ausbaden.

*

Die liberalen Schriftsteller spielen jetzt ein gutes Spiel: sie haben das ganze Publikum zu Suppleanten.

*

Wenn ich von liberalen Ideen reden höre, so verwundere ich mich immer, wie die Menschen sich gern mit leeren Wortschällen hinhalten: Eine Idee darf nicht liberal sein! Kräftig sei sie, tüchtig, in sich selbst abgeschlossen, damit sie den göttlichen Auftrag, produktiv zu sein, erfülle. Noch weniger darf der Begriff liberal sein; denn der hat einen ganz andern Auftrag.

*

Wo man die Liberalität aber suchen muss, das ist in den Gesinnungen, und diese sind das lebendige Gemüt.

*

Gesinnungen aber sind selten liberal, weil die Gesinnung unmittelbar aus der Person, ihren nächsten Beziehungen und Bedürfnissen hervorgeht.

*

Weiter schreiben wir nicht; an diesem Maßstab halte man, was man tagtäglich hört!

*

Es sind immer nur unsere Augen, unsere Vorstellungsarten; die Natur weiß ganz allein, was sie will, was sie gewollt hat.

*

»Gib mir, wo ich stehe!«
Archimedes.
»Nimm dir, wo du stehest!«
Nose.
»Behaupte, wo du stehst!«
G.

*

Allgemeines Kausalverhältnis, das der Beobachter aufsucht und ähnliche Erscheinungen einer allgemeinen Ursache zuschreibt; an die nächste wird selten gedacht.

*

Einem Klugen widerfährt keine geringe Torheit.

*

Bei jedem Kunstwerk, groß oder klein, bis ins kleinste kommt alles auf die *Konzeption* an.

*

Es gibt eine Poesie ohne Tropen, die ein einziger Tropus ist.

*

Ein alter gutmütiger Examinator sagt einem Schüler ins Ohr: »Etiam nihil didicisti« und lässt ihn für gut hingehen.

*

Das Fürtreffliche ist unergründlich, man mag damit anfangen, was man will.

*

Aemilium Paulum – virum in tantum laudandum, in quantum intelligi virtus potest.

*

Ich habe mich so lange ums Allgemeine bemüht, bis ich einsehen lernte, was vorzügliche Menschen im Besondern leisten.

Fünften Bandes erstes Heft (1824)

Einzelnes

Indem ich mich zeither mit der Lebensgeschichte wenig und viel bedeutender Menschen anhaltender beschäftigte, kam ich auf den Gedanken: es möchten sich wohl die einen in dem Weltgewebe als Zettel, die andern als Einschlag betrachten lassen; jene gäben eigentlich die Breite des Gewebes an, diese dessen Halt, Festigkeit, vielleicht auch mit Zutat irgendeines Gebildes. Die Schere der Parze hingegen bestimmt die Länge, dem sich denn das Übrige alles zusammen unterwerfen muss. Weiter wollen wir das Gleichnis nicht verfolgen.

*

Auch Bücher haben ihr *Erlebtes,* das ihnen nicht entzogen werden kann.

*

Wer nie sein Brot mit Tränen aß,
Wer nicht die kummervollen Nächte
Auf seinem Bette weinend saß,
Der kennt euch nicht, ihr himmlischen Mächte!

*

Diese tiefschmerzlichen Zeilen wiederholte sich eine höchst vollkommene, angebetete Königin in der grausamsten Verbannung, zu grenzenlosem Elend verwiesen. Sie befreundete sich mit dem Buche, das diese Worte und noch manche schmerzliche Erfahrung überliefert, und zog daraus einen peinlichen Trost; wer dürfte diese schon in die Ewigkeit sich erstreckende Wirkung wohl jemals verkümmern?

*

Mit dem größten Entzücken sieht man im Apollosaal der Villa Aldobrandini zu Frascati, auf welche glückliche Weise Domenichin die Ovidischen »Metamorphosen« mit der schicklichsten Örtlichkeit umgibt; dabei nun erinnert man sich gern, dass die glücklichsten Ereignisse doppelt selig empfunden werden, wenn sie uns in herrlicher Gegend gegönnt waren, ja dass gleichgültige Momente durch würdige Lokalität zu hoher Bedeutung gesteigert wurden.

*

Poesie wirkt am meisten im Anfang der Zustände, sie seien nun ganz roh, halbkultiviert oder bei Abänderung einer Kultur, beim Gewahrwerden einer fremden Kultur, dass man also sagen kann, die Wirkung der Neuheit findet durchaus statt.

*

Mannräuschlein nannte man im siebzehnten Jahrhundert gar ausdrucksvoll die Geliebte.

*

Liebes gewaschenes Seelchen ist der verliebteste Ausdruck auf Hiddensee.

*

Das Wahre ist eine Fackel, aber eine ungeheure; deswegen suchen wir alle nur blinzend so daran vorbeizukommen, in Furcht sogar, uns zu verbrennen.

*

»Die Klugen haben miteinander viel gemein.« *Äschylus.*

*

Das eigentlich Unverständige sonst verständiger Menschen ist, dass sie nicht zurechtzulegen wissen, was ein anderer sagt, aber nicht gerade trifft, wie er's hätte sagen sollen.

*

Ein jeder, weil er spricht, glaubt, auch über die Sprache sprechen zu können.

*

Man darf nur alt werden, um milder zu sein; ich sehe keinen Fehler begehen, den ich nicht auch begangen hätte.

*

Der Handelnde ist immer gewissenlos; es hat niemand Gewissen *als* der Betrachtende.

*

Ob denn die Glücklichen glauben, dass der Unglückliche wie ein Gladiator mit Anstand vor ihnen umkommen solle, wie der römische Pöbel zu fordern pflegte?

*

Den Timon fragte jemand wegen des Unterrichts seiner Kinder. »Lasst sie«, sagte der, »unterrichten in dem, was sie niemals begreifen werden.«

*

Es gibt Personen, denen ich wohlwill und wünschte, ihnen besser wollen zu können.

*

Der eine Bruder brach Töpfe, der andere Krüge. Verderbliche Wirtschaft!

*

Wie man aus Gewohnheit nach einer abgelaufenen Uhr hinsieht, als wenn sie noch ginge, so blickt man auch wohl einer Schönen ins Gesicht, als wenn sie noch liebte.

*

Der Hass ist ein aktives Missvergnügen, der Neid ein passives; deshalb darf man sich nicht wundern, wenn der Neid so schnell in Hass übergeht.

*

Der Rhythmus hat etwas Zauberisches, sogar macht er uns glauben, das Erhabene gehöre uns an.

*

Dilettantismus, ernstlich behandelt, und Wissenschaft, mechanisch betrieben, werden Pedanterei.

*

Die Kunst kann niemand fördern als der Meister. Gönner fördern den Künstler, das ist recht und gut; aber dadurch wird nicht immer die Kunst gefördert.

*

»Deutlichkeit ist eine gehörige Verteilung von Licht und Schatten.« *Hamann.* Hört!

*

Shakespeare ist reich an wundersamen Tropen, die aus personifizierten Begriffen entstehen und uns gar nicht kleiden würden, bei ihm aber völlig am Platze sind, weil zu seiner Zeit alle Kunst von der Allegorie beherrscht wurde.

Auch findet derselbe Gleichnisse, wo wir sie nicht hernehmen würden; zum Beispiel vom Buche. Die Druckerkunst war schon über hundert Jahre erfunden, dem ohngeachtet erschien ein Buch noch als ein Heiliges, wie wir aus dem damaligen Einbande sehen, und so war es dem edlen Dichter lieb und ehrenwert; wir aber broschieren jetzt alles und haben nicht leicht vor dem Einbande noch seinem Inhalte Respekt.

*

»Herr von Schweinichen« ist ein merkwürdiges Geschichts- und Sittenbuch; für die Mühe, die es kostet, es zu lesen, finden wir uns reichlich belohnt; es wird für gewisse Zustände eine Symbolik der vollkommensten Art. Es ist kein Lesebuch, aber man muss es gelesen haben.

*

Der törigste von allen Irrtümern ist, wenn junge gute Köpfe glauben, ihre Originalität zu verlieren, indem sie das Wahre anerkennen, was von andern schon anerkannt worden.

*

Die Gelehrten sind meist gehässig, wenn sie widerlegen; einen Irrenden sehen sie gleich als ihren Todfeind an.

*

Die Schönheit kann nie über sich selbst deutlich werden.

*

Sobald man der subjektiven oder sogenannten sentimentalen Poesie mit der objektiven, darstellenden gleiche Rechte verlieh, wie es denn auch wohl nicht anders sein konnte, weil man sonst die moderne Poesie ganz hätte ablehnen müssen, so war vorauszusehen, dass, wenn auch wahrhafte poetische Genies geboren werden sollten, sie doch immer mehr das Gemütliche des inneren Lebens als das Allgemeine des großen Weltlebens darstellen würden. Dieses ist nun in dem Grade eingetroffen, dass es eine Poesie ohne Tropen gibt, der man doch keineswegs allen Beifall versagen kann.

Fünften Bandes zweites Heft (1825)

Einzelnes

Madame Roland, auf dem Blutgerüste, verlangte Schreibzeug, um die ganz besondern Gedanken aufzuschreiben, die ihr auf dem letzten Wege vorgeschwebt. Schade, dass man ihr's versagte; denn am Ende des Lebens gehen dem gefassten Geiste Gedanken auf, bisher undenkbare; sie sind wie selige Dämonen, die sich auf den Gipfeln der Vergangenheit glänzend niederlassen.

*

Man sagt sich oft im Leben, dass man die Vielgeschäftigkeit, *Polypragmosyne,* vermeiden, besonders, je älter man wird, sich desto weniger in ein neues Geschäft einlassen solle. Aber man hat gut reden, gut sich und anderen raten. Älter werden heißt selbst ein neues Geschäft antreten; alle Verhältnisse verändern sich, und man muss entweder zu handeln ganz aufhören oder mit Willen und Bewusstsein das neue Rollenfach übernehmen.

*

Große Talente sind selten, und selten ist es, dass sie sich selbst erkennen; nun aber hat kräftiges unbewusstes Handeln und Sinnen so höchst erfreuliche als unerfreuliche Folgen, und in solchem Konflikt schwindet ein bedeutendes Leben vorüber. Hievon ergeben sich in *Medwins* »Unterhaltungen« so merkwürdige als traurige Beispiele.

*

Vom Absoluten in theoretischem Sinne wag ich nicht zu reden; behaupten aber darf ich, dass, wer es in der Erscheinung anerkannt und immer im Auge behalten hat, sehr großen Gewinn davon erfahren wird.

*

In der Idee leben heißt das Unmögliche behandeln, als wenn es möglich wäre. Mit dem Charakter hat es dieselbe Bewandtnis: treffen beide zusammen, so entstehen Ereignisse, worüber die Welt vom Erstaunen sich Jahrtausende nicht erholen kann.

*

Napoleon, der ganz in der Idee lebte, konnte sie doch im Bewusstsein nicht erfassen; er leugnet alles Ideelle durchaus und spricht ihm jede Wirklichkeit ab, indessen er eifrig es zu verwirklichen trachtet. Einen solchen innern perpetuierlichen Widerspruch kann aber sein klarer unbestechlicher Verstand nicht ertragen, und es ist höchst wichtig, wenn er, gleichsam genötigt, sich darüber gar eigen und anmutig ausdrückt.

*

Er betrachtet die Idee als ein geistiges Wesen, das zwar keine Realität hat, aber, wenn es verfliegt, ein Residuum (caput mortuum) zurücklässt, dem wir die Wirklichkeit nicht ganz absprechen können. Wenn dieses uns auch starr und materiell genug scheinen mag, so spricht er sich ganz anders aus, wenn er von den unaufhaltsamen Folgen seines Lebens und Treibens mit Glauben und Zutrauen die Seinen unterhält. Da gesteht er wohl gern, dass Leben Lebendiges hervorbringe, dass eine gründliche Befruchtung auf alle Zeiten hinauswirke. Er gefällt sich, zu bekennen, dass er dem Weltgange eine frische Anregung, eine neue Richtung gegeben habe.

*

Höchst bemerkenswert bleibt es immer, dass Menschen, deren Persönlichkeit fast ganz Idee ist, sich so äußerst vor dem Phantastischen scheuen. So war Hamann, dem es unerträglich schien, wenn von »Dingen einer andern Welt« gesprochen wurde. Er drückte sich gelegentlich darüber in einem gewissen Paragraphen aus, den er aber, weil er ihm unzulänglich schien, vierzehnmal variierte und sich doch immer wahrscheinlich nicht genugtat. Zwei von diesen Versuchen sind uns übrig geblieben; einen dritten haben wir selbst gewagt, welchen hier abdrucken zu lassen wir durch Obenstehendes veranlasst sind.

*

Der Mensch ist als wirklich in die Mitte einer wirklichen Welt gesetzt und mit solchen Organen begabt, dass er das Wirkliche und nebenbei das Mögliche erkennen und hervorbringen kann. Alle gesunde Menschen haben die Überzeugung ihres Daseins und eines Daseienden um sie her. Indessen gibt es auch einen hohlen Fleck im Gehirn, das heißt eine Stelle, wo sich kein Gegenstand abspiegelt wie denn auch im Auge selbst ein Fleckchen ist, das nicht sieht. Wird der Mensch auf diese Stelle besonders aufmerksam, vertieft er sich darin, so verfällt er in eine Geisteskrankheit, ahnet hier »Dinge aus einer andern Welt«, die aber eigentlich Undinge sind und weder Gestalt noch Begrenzung haben, sondern als leere Nacht-Räumlichkeit ängstigen und den, der sich nicht losreißt, mehr als gespensterhaft verfolgen.

*

Wie wenig von dem Geschehenen ist geschrieben worden, wie wenig von dem Geschriebenen gerettet! Die Literatur ist von Haus aus fragmentarisch, sie enthält nur Denkmale des menschlichen Geistes, insofern sie in Schriften verfasst und zuletzt übrig geblieben sind.

*

Und doch bei aller Unvollständigkeit des Literarwesens finden wir tausendfältige Wiederholung, woraus hervorgeht, wie beschränkt des Menschen Geist und Schicksal sei.

*

Da wir denn doch zu dieser allgemeinen Weltberatung als Assessoren, obgleich sine voto, berufen sind und wir uns von den Zeitungsschreibern tagtäglich referieren lassen, so ist es ein Glück, auch aus der Vorzeit tüchtig Referierende zu finden. Für mich sind *von Raumer* und *Wachler* in den neusten Tagen dergleichen geworden.

*

Die Frage, wer höher steht, der Historiker oder der Dichter, darf gar nicht aufgeworfen werden; sie konkurrieren nicht miteinander, so wenig als der Wettläufer und der Faustkämpfer. Jedem gebührt seine eigene Krone.

*

Die Pflicht des Historikers ist zwiefach: erst gegen sich selbst, dann gegen den Leser. Bei sich selbst muss er genau prüfen, was wohl geschehen sein könnte, und um des Lesers willen muss er festsetzen, was geschehen sei. Wie er mit sich selbst handelt, mag er mit seinen Kollegen ausmachen; das Publikum muss aber nicht ins Geheimnis hineinsehen, wie wenig in der Geschichte als entschieden ausgemacht kann angesprochen werden.

*

Es geht uns mit Büchern wie mit neuen Bekanntschaften. Die erste Zeit sind wir hoch vergnügt, wenn wir im Allgemeinen Übereinstimmung finden, wenn wir uns an irgendeiner Hauptseite unserer Existenz freundlich berührt fühlen; bei näherer Bekanntschaft treten alsdann erst die Differenzen hervor, und da ist denn die Hauptsache eines vernünftigen Betragens, dass man nicht, wie etwa in der Jugend geschieht, sogleich zurückschaudere, sondern dass man gerade das Übereinstimmende recht festhalte und sich über die Differenzen vollkommen aufkläre, ohne sich deshalb vereinigen zu wollen.

*

Eine solche freundlich-belehrende Unterhaltung ist mir durch *Stiedenroths* »Psychologie« geworden. Alle Wirkung des Äußern aufs Innere trägt er unvergleichlich vor, und wir sehen die Welt nochmals nach und nach in uns entstehen. Aber mit der Gegenwirkung des Innern nach außen gelingt es ihm nicht ebenso. Der Entelechie, die nichts aufnimmt, ohne sich's durch eigene Zutat anzueignen, lässt er nicht Gerechtigkeit widerfahren, und mit dem Genie will es auf diesem Weg gar nicht fort; und wenn er das Ideal aus der Erfahrung abzuleiten denkt und sagt: *»das Kind idealisiert nicht«*, so mag man antworten: »das Kind *zeugt* nicht«, denn zum Gewahrwerden des Ideellen gehört auch eine Pubertät. Doch genug, er bleibt uns ein werter Gesell und Gefährte und soll nicht von unserer Seite kommen.

*

Wer viel mit Kindern lebt, wird finden, dass keine äußere Einwirkung auf sie ohne Gegenwirkung bleibt.

*

Die Gegenwirkung eines vorzüglich kindlichen Wesens ist sogar leidenschaftlich, das Eingreifen tüchtig.

*

Deshalb leben Kinder in Schnellurteilen, um nicht zu sagen in Vorurteilen; denn bis das schnell, aber einseitig Gefasste sich auslöscht, um einem Allgemeinern Platz zu machen, erfordert es Zeit. Hierauf zu achten, ist eine der größten Pflichten des Erziehers.

*

Ein zweijähriger Knabe hatte die Geburtstagsfeier begriffen, an der seinigen die bescherten Gaben mit Dank und Freude sich zugeeignet, nicht weniger dem Bruder die seinigen bei gleichem Feste gegönnt.

Hiedurch veranlasst, fragte er am Weihnachtsabend, wo so viele Geschenke vorlagen, wann denn sein Weihnachten komme. Dies allgemeine Fest zu begreifen war noch ein ganzes Jahr nötig.

*

Die große Schwierigkeit bei psychologischen Reflexionen ist, dass man immer das Innere und Äußere parallel oder vielmehr verflochten betrachten muss. Es ist immerfort Systole und Diastole, Einatmen und Ausatmen des lebendigen Wesens; kann man es auch nicht aussprechen, so beobachte man es genau und merke darauf.

*

Mein Verhältnis zu Schiller gründete sich auf die entschiedene Richtung beider auf *einen* Zweck, unsere gemeinsame Tätigkeit auf die Verschiedenheit der Mittel, wodurch wir jenen zu erreichen strebten.

Bei einer zarten Differenz, die einst zwischen uns zur Sprache kam und woran ich durch eine Stelle seines Briefs wieder erinnert werde, macht ich folgende Betrachtungen.

Es ist ein großer Unterschied, ob der Dichter zum Allgemeinen das Besondere sucht oder im Besondern das Allgemeine schaut. Aus jener Art entsteht Allegorie, wo das Besondere nur als Beispiel, als Exempel des Allgemeinen gilt; die letztere aber ist eigentlich die Natur der Poesie, sie spricht ein Besonderes aus, ohne ans Allgemeine zu denken oder darauf hinzuweisen. Wer nun dieses Besondere lebendig fasst, erhält zugleich das Allgemeine mit, ohne es gewahr zu werden, oder erst spät.

*

Den einzelnen Verkehrtheiten des Tags sollte man immer nur große weltgeschichtliche Massen entgegensetzen.

Fünften Bandes drittes Heft (1826)

Einzelnes

Eigentlich weiß man nur, wenn man wenig weiß; mit dem Wissen wächst der Zweifel.

*

Die Irrtümer des Menschen machen ihn eigentlich liebenswürdig.

*

Bonus vir semper tiro.

*

Es gibt Menschen, die ihr Gleiches lieben und aufsuchen, und wieder solche, die ihr Gegenteil lieben und diesem nachgehn.

*

Wer sich von jeher erlaubt hätte, die Welt so schlecht anzusehen, wie uns die Widersacher darstellen, der müsste ein miserables Subjekt geworden sein.

*

Missgunst und Hass beschränken den Beobachter auf die Oberfläche, selbst wenn Scharfsinn sich zu ihnen gesellt; verschwistert sich dieser hingegen mit Wohlwollen und Liebe, so durchdringt er die Welt und den Menschen, ja er kann hoffen, zum Allerhöchsten zu gelangen.

*

Panoramic ability schreibt mir ein englischer Kritiker zu, wofür ich allerschönstens zu danken habe.

*

Einem jeden wohlgesinnten Deutschen ist eine gewisse Portion poetischer Gabe zu wünschen als das wahre Mittel, seinen Zustand, von welcher Art er auch sei, mit Wert und Anmut einigermaßen zu umkleiden.

*

Den Stoff sieht jedermann vor sich, den Gehalt findet nur der, der etwas dazuzutun hat, und die Form ist ein Geheimnis den meisten.

*

Die Menschen halten sich mit ihren Neigungen ans Lebendige. Die Jugend bildet sich wieder an der Jugend.

*

Wir mögen die Welt kennenlernen, wie wir wollen, sie wird immer eine Tag- und eine Nachtseite behalten.

*

Der Irrtum wiederholt sich immerfort in der Tat, deswegen muss man das Wahre unermüdlich in Worten wiederholen.

*

Wie in Rom außer den Römern noch ein Volk von Statuen war, so ist außer dieser realen Welt noch eine Welt des Wahns, viel mächtiger beinahe, in der die meisten leben.

*

Die Menschen sind wie das Rote Meer: der Stab hat sie kaum auseinander gehalten, gleich hinterdrein fließen sie wieder zusammen.

*

Pflicht des Historikers, das Wahre vom Falschen, das Gewisse vom Ungewissen, das Zweifelhafte vom Verwerflichen zu unterscheiden.

*

Eine Chronik schreibt nur derjenige, dem die Gegenwart wichtig ist.

*

Die Gedanken kommen wieder, die Überzeugungen pflanzen sich fort; die Zustände gehen unwiederbringlich vorüber.

*

»Unter allen Völkerschaften haben die Griechen den Traum des Lebens am schönsten geträumt.«

*

Übersetzer sind als geschäftige Kuppler anzusehen, die uns eine halbverschleierte Schöne als höchst liebenswürdig anpreisen: sie erregen eine unwiderstehliche Neigung nach dem Original.

*

Das Altertum setzen wir gern über uns, aber die Nachwelt nicht. Nur ein Vater neidet seinem Sohn nicht das Talent.

*

Sich subordinieren ist überhaupt keine Kunst; aber in absteigender Linie, in der Deszendenz etwas über sich erkennen, was unter einem steht!

*

Unser ganzes Kunststück besteht darin, dass wir unsere Existenz aufgeben, um zu existieren.

*

Alles, was wir treiben und tun, ist ein Abmüden; wohl dem, der nicht müde wird!

*

»Hoffnung ist die zweite Seele der Unglücklichen.«

*

»L'amour est un vrai recommenceur.«

*

Es gibt im Menschen auch ein Dienenwollendes; daher die chevalerie der Franzosen eine servage.

*

»Im Theater wird durch die Belustigung des Gesichts und Gehörs die Reflexion sehr eingeschränkt.«

*

Erfahrung kann sich ins Unendliche erweitern, Theorie nicht in eben dem Sinne reinigen und vollkommener werden. Jener steht das Universum nach allen Richtungen offen, diese bleibt innerhalb der Grenze der menschlichen Fähigkeiten eingeschlossen. Deshalb müssen alle Vorstellungsarten wiederkehren, und der wunderliche Fall tritt ein, dass bei erweiterter Erfahrung eine bornierte Theorie wieder Gunst erwerben kann.

*

Es ist immer dieselbe Welt, die der Betrachtung offensteht, die immerfort angeschaut oder geahnet wird, und es sind immer dieselben Menschen, die im Wahren oder Falschen leben, im letzten bequemer als im ersten.

*

Die Wahrheit widerspricht unserer Natur, der Irrtum nicht, und zwar aus einem sehr einfachen Grunde: die Wahrheit fordert, dass wir uns für beschränkt erkennen sollen, der Irrtum schmeichelt uns, wir seien auf ein oder die andere Weise unbegrenzt.

*

Es ist nun schon bald zwanzig Jahre, dass die Deutschen sämtlich transzendieren. Wenn sie es einmal gewahr werden, müssen sie sich wunderlich vorkommen.

*

Dass Menschen dasjenige noch zu können glauben, was sie gekonnt haben, ist natürlich genug; dass andere zu vermögen glauben, was sie nie vermochten, ist wohl seltsam, aber nicht selten.

*

Zu allen Zeiten sind es nur die Individuen, welche für die Wissenschaft gewirkt, nicht das Zeitalter. Das Zeitalter war's, das den Sokrates durch Gift hinrichtete, das Zeitalter, das Hussen verbrannte: die Zeitalter sind sich immer gleichgeblieben.

*

Das ist die wahre Symbolik, wo das Besondere das Allgemeinere repräsentiert, nicht als Traum und Schatten, sondern als lebendig-augenblickliche Offenbarung des Unerforschlichen.

*

Alles Ideelle, sobald es vom Realen gefordert wird, zehrt endlich dieses und sich selbst auf. So der Kredit (Papiergeld) das Silber und sich selbst.

*

Die Meisterschaft gilt oft für Egoismus.

*

Sobald die guten Werke und das Verdienstliche derselben aufhören, sogleich tritt die Sentimentalität dafür ein, bei den Protestanten.

*

Es ist eben, als ob man es selbst vermöchte, wenn man sich guten Rats erholen kann.

*

Die Wahlsprüche deuten auf das, was man nicht hat, wornach man strebt. Man stellt sich solches wie billig immer vor Augen.

*

»Wer einen Stein nicht allein erheben mag, der soll ihn auch selbander liegen lassen.«

*

Der Despotismus fördert die Autokratie eines jeden, indem er von oben bis unten die Verantwortlichkeit dem Individuum zumutet und so den höchsten Grad von Tätigkeit hervorbringt.

*

Alles Spinozistische in der poetischen Produktion wird in der Reflexion Machiavellismus.

*

Man muss seine Irrtümer teuer bezahlen, wenn man sie loswerden will, und dann hat man noch von Glück zu sagen.

*

Wenn ein deutscher Literator seine Nation vormals beherrschen wollte, so musste er ihr nur glauben machen, es sei einer da, der sie beherrschen wolle. Da waren sie gleich so verschüchtert, dass sie sich, von wem es auch wäre, gern beherrschen ließen.

*

»Nihil rerum mortalium tam instabile ac fluxum est quam potentia non sua vi nixa.«

*

»Es gibt auch Afterkünstler: *Dilettanten* und *Spekulanten;* jene treiben die Kunst um des Vergnügens, diese um des Nutzens willen.«

*

Geselligkeit lag in meiner Natur; deswegen ich bei vielfachem Unternehmen mir Mitarbeiter gewann und mich ihnen zum Mitarbeiter bildete und so das Glück erreichte, mich in ihnen und sie in mir fortleben zu sehn.

*

Mein ganzes inneres Wirken erwies sich als eine lebendige Heuristik, welche, eine unbekannte geahnete Regel anerkennend, solche in der Außenwelt zu finden und in die Außenwelt einzuführen trachtet.

*

Es gibt eine enthusiastische Reflexion, die von dem größten Wert ist, wenn man sich von ihr nur nicht hinreißen lässt.

*

Nur in der Schule selbst ist die eigentliche Vorschule.

*

Der Irrtum verhält sich gegen das Wahre wie der Schlaf gegen das Wachen. Ich habe bemerkt, dass man aus dem Irren sich wie erquickt wieder zu dem Wahren hinwende.

*

Ein jeder leidet, der nicht für sich selbst handelt. Man handele für andere, um mit ihnen zu genießen.

*

Das Fassliche gehört der Sinnlichkeit und dem Verstande. Hieran schließt sich das Gehörige, welches verwandt ist mit dem Schicklichen. Das Gehörige jedoch ist ein Verhältnis zu einer besondern Zeit und entschiedenen Umständen.

*

Eigentlich lernen wir nur von Büchern, die wir nicht beurteilen können. Der Autor eines Buchs, das wir beurteilen könnten, müsste von uns lernen.

*

Deshalb ist die Bibel ein ewig wirksames Buch, weil, solange die Welt steht, niemand auftreten und sagen wird: ich begreife es im Ganzen und verstehe es im Einzelnen. Wir aber sagen bescheiden: im Ganzen ist es ehrwürdig und im Einzelnen anwendbar.

*

Alle Mystik ist ein Transzendieren und ein Ablösen von irgendeinem Gegenstande, den man hinter sich zu lassen glaubt. Je größer und bedeutender dasjenige war, dem man absagt, desto reicher sind die Produktionen des Mystikers.

*

Die orientalische mystische Poesie hat deswegen den großen Vorzug, dass der Reichtum der Welt, den der Adepte wegweist, ihm noch jederzeit zu Gebote steht. Er befindet sich also noch immer mitten in der Fülle, die er verlässt, und schwelgt in dem, was er gern los sein möchte.

*

Christliche Mystiker sollte es gar nicht geben, da die Religion selbst Mysterien darbietet. Auch gehen sie immer gleich ins Abstruse, in den Abgrund des Subjekts.

*

Ein geistreicher Mann sagte, die neuere Mystik sei die Dialektik des Herzens und deswegen mitunter so erstaunenswert und verführerisch, weil sie Dinge zur Sprache bringe, zu denen der Mensch auf dem gewöhnlichen Verstands-, Vernunfts- und Religionswege nicht gelangen würde. Wer sich Mut und Kraft glaube, sie zu studieren, ohne sich betäuben zu lassen, der möge sich in diese Höhle des Trophonios versenken, jedoch auf seine eigene Gefahr.

*

Die Deutschen sollten in einem Zeitraume von dreißig Jahren das Wort Gemüt nicht aussprechen, dann würde nach und nach Gemüt sich wieder erzeugen; jetzt heißt es nur Nachsicht mit Schwächen, eignen und fremden.

*

Die Vorurteile der Menschen beruhen auf dem jedesmaligen Charakter der Menschen, daher sind sie, mit dem Zustand innig vereinigt, ganz unüberwindlich; weder Evidenz noch Verstand noch Vernunft haben den mindesten Einfluss darauf.

*

Charaktere machen oft die Schwäche zum Gesetz. Weltkenner haben gesagt: »Die Klugheit ist unüberwindlich, hinter welcher sich die Furcht versteckt.« Schwache Menschen haben oft revolutionäre Gesinnungen; sie meinen, es wäre ihnen wohl, wenn sie nicht regiert würden, und fühlen nicht, dass sie weder sich noch andere regieren können.

*

In eben dem Falle sind die neuern deutschen Künstler: den Zweig der Kunst, den sie nicht besitzen, erklären sie für schädlich und daher wegzuhauen.

*

Der Menschenverstand wird mit dem gesunden Menschen rein geboren, entwickelt sich aus sich selbst und offenbart sich durch ein entschiedenes Gewahrwerden und Anerkennen des Notwendigen und Nützlichen. Praktische Männer und Frauen bedienen sich dessen mit Sicherheit. Wo er mangelt, halten beide Geschlechter, was sie begehren, für notwendig, und für nützlich, was ihnen gefällt.

*

Alle Menschen, wie sie zur Freiheit gelangen, machen ihre Fehler gelten: die Starken das Übertreiben, die Schwachen das Vernachlässigen.

*

Der Kampf des Alten, Bestehenden, Beharrenden mit Entwicklung, Aus- und Umbildung ist immer derselbe. Aus aller Ordnung entsteht zuletzt Pedanterie; um diese loszuwerden, zerstört man jene, und es geht eine Zeit hin, bis man gewahr wird, dass man wieder Ordnung machen müsse. Klassizismus und Romantizismus, Innungszwang und Gewerbsfreiheit, Festhalten und Zersplittern des Grundbodens: es ist immer derselbe Konflikt, der zuletzt wieder einen neuen erzeugt. Der größte Verstand des Regierenden wäre daher, diesen Kampf so zu mäßigen, dass er ohne Untergang der einen Seite sich ins Gleiche stellte; dies ist aber den Menschen nicht gegeben, und Gott scheint es auch nicht zu wollen.

*

Welche Erziehungsart ist für die beste zu halten? Antwort: die der Hydrioten. Als Insulaner und Seefahrer nehmen sie ihre Knaben gleich mit zu Schiffe und lassen sie im Dienste heranktrabbeln. Wie sie etwas leisten, haben sie teil am Gewinn, und so kümmern sie sich schon um Handel, Tausch und Beute, und es bilden sich die tüchtigsten Küsten- und Seefahrer, die klügsten Handelsleute und verwegensten Piraten. Aus einer solchen Masse können denn freilich Helden hervortreten, die den verderblichen Brander mit eigener Hand an das Admiralschiff der feindlichen Flotte festklammern.

*

Alles Vortreffliche beschränkt uns für einen Augenblick, indem wir uns demselben nicht gewachsen fühlen; nur insofern wir es nachher in unsere Kultur aufnehmen, es unsern Geist- und Gemütskräften aneignen, wird es uns lieb und wert.

*

Kein Wunder, dass wir uns alle mehr oder weniger im Mittelmäßigen gefallen, weil es uns in Ruhe lässt; es gibt das behagliche Gefühl, als wenn man mit seinesgleichen umginge.

*

Das Gemeine muss man nicht rügen; denn das bleibt sich ewig gleich.

*

Wir können einem Widerspruch in uns selbst nicht entgehen; wir müssen ihn auszugleichen suchen. Wenn uns andere widersprechen, das geht uns nichts an, das ist ihre Sache.

*

Es ist soviel gleichzeitig Tüchtiges und Treffliches auf der Welt, aber es berührt sich nicht.

*

Welche Regierung die beste sei? Diejenige, die uns lehrt, uns selbst zu regieren.

*

Dozieren kannst du Tüchtiger freilich nicht; es ist, wie das Predigen, durch unsern Zustand geboten, wahrhaft nützlich, wenn Konversation und Katechisation sich anschließen, wie es auch ursprünglich gehalten wurde. *Lehren* aber kannst du und wirst du, das ist: wenn Tat dem Urteil, Urteil der Tat zum Leben hilft.

*

Gegen die drei Einheiten ist nichts zu sagen, wenn das Sujet sehr einfach ist; gelegentlich aber werden dreimal drei Einheiten, glücklich verschlungen, eine sehr angenehme Wirkung tun.

*

Wenn die Männer sich mit den Weibern schleppen, so werden sie so gleichsam abgesponnen wie ein Wocken.

*

Es kann wohl sein, dass der Mensch durch öffentliches und häusliches Geschick zuzeiten grässlich gedroschen wird; allein das rücksichtlose Schicksal, wenn es die reichen Garben trifft, zerknittert nur das Stroh, die Körner aber spüren nichts davon und springen lustig auf der Tenne hin und wider, unbekümmert, ob sie zur Mühle, ob sie zum Saatfeld wandern.

*

»Arden von Feversham«, Shakespeares Jugendarbeit. Es ist der ganze rein-treue Ernst des Auffassens und Wiedergebens, ohne Spur von Rücksicht auf den Effekt, vollkommen dramatisch, ganz untheatralisch.

*

Shakespeares trefflichsten Theaterstücken mangelt es hie und da an Fazilität: sie sind etwas mehr, als sie sein sollten, und eben deshalb deuten sie auf den großen Dichter.

*

Die größte Wahrscheinlichkeit der Erfüllung lässt noch einen Zweifel zu; daher ist das Gehoffte, wenn es in die Wirklichkeit eintritt, jederzeit überraschend.

*

Allen andern Künsten muss man etwas vorgeben, der griechischen allein bleibt man ewig Schuldner.

*

»Vis superba formae.« Ein schönes Wort von Johannes Secundus.

*

Die Sentimentalität der Engländer ist humoristisch und zart, der Franzosen populär und weinerlich, der Deutschen naiv und realistisch.

*

Das Absurde, mit Geschmack dargestellt, erregt Widerwillen und Bewunderung.

*

Von der besten Gesellschaft sagte man: ihr Gespräch ist unterrichtend, ihr Schweigen bildend.

*

Von einem bedeutenden frauenzimmerlichen Gedichte sagte jemand, es habe mehr Energie als Enthusiasmus, mehr Charakter als Gehalt, mehr Rhetorik als Poesie und im ganzen etwas Männliches.

*

Es ist nichts schrecklicher als eine tätige Unwissenheit.

*

Schönheit und Geist muss man entfernen, wenn man nicht ihr Knecht werden will.

*

Der Mystizismus ist die Scholastik des Herzens, die Dialektik des Gefühls.

*

Man schont die Alten, wie man die Kinder schont.

*

Der Alte verliert eins der größten Menschenrechte: er wird nicht mehr von seinesgleichen beurteilt.

*

Es ist mir in den Wissenschaften gegangen wie einem, der früh aufsteht, in der Dämmrung die Morgenröte, sodann aber die Sonne ungeduldig erwartet und doch, wie sie hervortritt, geblendet wird.

*

Man streitet viel und wird viel streiten über Nutzen und Schaden der Bibelverbreitung. Mir ist klar: schaden wird sie wie bisher, dogmatisch und phantastisch gebraucht; nutzen wie bisher, didaktisch und gefühlvoll aufgenommen.

*

Große, von Ewigkeit her oder in der Zeit entwickelte ursprüngliche Kräfte wirken unaufhaltsam, ob nutzend oder schadend, das ist zufällig.

*

Die Idee ist ewig und einzig; dass wir auch den Plural brauchen, ist nicht wohlgetan. Alles, was wir gewahr werden und wovon wir reden können, sind nur Manifestationen der Idee; Begriffe sprechen wir aus, und insofern ist die Idee selbst ein Begriff.

*

Im Ästhetischen tut man nicht wohl, zu sagen: die Idee des Schönen; dadurch vereinzelt man das Schöne, das doch einzeln nicht gedacht werden kann. Vom Schönen kann man einen Begriff haben, und dieser Begriff kann überliefert werden.

*

Die Manifestation der Idee als des Schönen ist ebenso flüchtig als die Manifestation des Erhabenen, des Geistreichen, des Lustigen, des Lächerlichen. Dies ist die Ursache, warum so schwer darüber zu reden ist.

*

Echt ästhetisch-didaktisch könnte man sein, wenn man mit seinen Schülern an allem Empfindungswerten vorüberginge oder es ihnen zubrächte im Moment, wo es kulminiert und sie höchst empfänglich sind. Da aber diese Forderung nicht zu erfüllen ist, so müsste der höchste Stolz des Kathederlehrers sein, die Begriffe so vieler Manifestationen in seinen Schülern dergestalt zum Leben zu bringen, dass sie für alles Gute, Schöne, Große, Wahre empfänglich würden, um es mit Freuden aufzufassen, wo es ihnen zur rechten Stunde begegnete. Ohne dass sie es merkten und wüssten, wäre somit die Grundidee, woraus alles hervorgeht, in ihnen lebendig geworden.

*

Wie man gebildete Menschen sieht, so findet man, dass sie nur für *eine* Manifestation des Urwesens oder doch nur für wenige empfänglich sind, und das ist schon genug. Das Talent entwickelt im Praktischen alles und braucht von den theoretischen Einzelnheiten nicht Notiz zu nehmen: der Musikus kann ohne seinen Schaden den Bildhauer ignorieren und umgekehrt.

*

Man soll sich alles praktisch denken und deshalb auch dahin trachten, dass verwandte Manifestationen der großen Idee, insofern sie durch Menschen zur Erscheinung kommen sollen, auf eine gehörige Weise ineinander wirken. Malerei, Plastik und Mimik stehen in einem unzertrennlichen Bezug; doch muss der Künstler, zu dem *einen* berufen, sich hüten, von dem *andern* beschädigt zu werden: der Bildhauer kann sich vom Maler, der Maler vom Mimiker verführen lassen, und alle drei können einander so verwirren, dass keiner derselben auf den Füßen stehen bleibt.

*

Die mimische Tanzkunst würde eigentlich alle bildenden Künste zugrunde richten, und mit Recht. Glücklicherweise ist der Sinnenreiz, den sie bewirkt, so flüchtig, und sie muss, um zu reizen, ins Übertriebene gehen. Dieses schreckt die übrigen Künstler glücklicherweise sogleich ab; doch können sie, wenn sie klug und vorsichtig sind, viel dabei lernen.

Sechsten Bandes erstes Heft (1827)

Das Erste und Letzte, was vom Genie gefordert wird, ist Wahrheitsliebe.

*

Wer gegen sich selbst und andere wahr ist und bleibt, besitzt die schönste Eigenschaft der größten Talente.

Brocardicon

Die Kunst ist eine Vermittlerin des Unaussprechlichen; darum scheint es eine Torheit, sie wieder durch Worte vermitteln zu wollen. Doch indem wir uns dahin bemühen, findet sich für den Verstand so mancher Gewinn, der dem ausübenden Vermögen auch wieder zugutekommt.

Verhältnis, Neigung, Liebe, Leidenschaft, Gewohnheit

Die Liebe, deren Gewalt die Jugend empfindet, ziemt nicht dem Alten, so wie alles, was Produktivität voraussetzt. Dass diese sich mit den Jahren erhält, ist ein seltner Fall.

Alle Ganz- und Halbpoeten machen uns mit der Liebe dergestalt bekannt, dass sie müsste trivial geworden sein, wenn sie sich nicht naturgemäß in voller Kraft und Glanz immer wieder erneute.

Der Mensch, abgesehen von der Herrschaft, in welcher die Passion ihn fesselt, ist noch von manchen notwendigen Verhältnissen gebunden. Wer diese nicht kennt oder in Liebe umwandeln will, der muss unglücklich werden.

Alle Liebe bezieht sich auf Gegenwart; was mir in der Gegenwart angenehm ist, sich abwesend mir immer darstellt, den Wunsch des erneuerten Gegenwärtigseins immerfort erregt, bei Erfüllung dieses Wunsches von einem lebhaften Entzücken, bei Fortsetzung dieses Glücks von einer immer gleichen Anmut begleitet wird, das eigentlich lieben wir, und hieraus folgt, dass wir alles lieben können, was zu unserer Gegenwart gelangen kann; ja um das Letzte auszusprechen: die Liebe des Göttlichen strebt immer danach, sich das Höchste zu vergegenwärtigen.

Ganz nahe daran steht die Neigung, aus der nicht selten Liebe sich entwickelt. Sie bezieht sich auf ein reines Verhältnis, das in allem der Liebe gleicht, nur nicht in der notwendigen Forderung einer fortgesetzten Gegenwart.

Diese Neigung kann nach vielen Seiten gerichtet sein, sich auf manche Personen und Gegenstände beziehen, und sie ist es eigentlich, die den Menschen, wenn er sie sich zu erhalten weiß, in einer schönen Folge glücklich macht. Es ist einer eignen Betrachtung wert, dass die Gewohnheit sich vollkommen an die Stelle der Liebesleidenschaft setzen kann: sie fordert nicht sowohl eine anmutige als bequeme Gegenwart; alsdann aber ist sie unüberwindlich. Es gehört viel dazu, ein gewohntes Verhältnis aufzuheben; es besteht gegen alles Widerwärtige; Missvergnügen, Unwillen, Zorn vermögen nichts gegen dasselbe; ja es überdauert die Verachtung, den Hass. Ich weiß nicht, ob es einem Romanschreiber geglückt ist, dergleichen vollkommen darzustellen, auch müsste er es nur beiläufig, episodisch unternehmen; denn er würde immer bei einer genauen Entwickelung mit manchen Unwahrscheinlichkeiten zu kämpfen haben.

Aus den Heften »Zur Morphologie«

Ersten Bandes viertes Heft (1822)

Das Höchste, was wir von Gott und der Natur erhalten haben, ist das Leben, die rotierende Bewegung der Monas um sich selbst, welche weder Rast noch Ruhe kennt; der Trieb, das Leben zu hegen und zu pflegen, ist einem jeden unverwüstlich eingeboren, die Eigentümlichkeit desselben jedoch bleibt uns und andern ein Geheimnis.

*

Die zweite Gunst der von oben wirkenden Wesen ist das Erlebte, das Gewahrwerden, das Eingreifen der lebendig-beweglichen Monas in die Umgebungen der Außenwelt, wodurch sie sich erst selbst als innerlich Grenzenloses, als äußerlich Begrenztes gewahr wird. Über dieses Erlebte können wir, obgleich Anlage, Aufmerksamkeit und Glück dazu gehört, in uns selbst klar werden; andern bleibt aber auch dies immer ein Geheimnis.

*

Als Drittes entwickelt sich nun dasjenige, was wir als Handlung und Tat, als Wort und Schrift gegen die Außenwelt richten; dieses gehört derselben mehr an als uns selbst, so wie sie sich darüber auch eher verständigen kann, als wir es selbst vermögen; jedoch fühlt sie, dass sie, um recht klar darüber zu werden, auch von unserm Erlebten soviel als möglich zu erfahren habe. Weshalb man auch auf Jugendanfänge, Stufen der Bildung, Lebenseinzelnheiten, Anekdoten und dergleichen höchst begierig ist.

*

Dieser Wirkung nach außen folgt unmittelbar eine Rückwirkung, es sei nun, dass Liebe uns zu fördern suche oder Hass uns zu hindern wisse. Dieser Konflikt bleibt sich im Leben ziemlich gleich, indem ja der Mensch sich gleichbleibt und ebenso alles dasjenige, was Zuneigung oder Abneigung an seiner Art zu sein empfinden muss.

*

Was Freunde mit und für uns tun, ist auch ein Erlebtes; denn es stärkt und fördert unsere Persönlichkeit. Was Feinde gegen uns unternehmen, erleben wir nicht, wir erfahren's nur, lehnen's ab und schützen uns dagegen wie gegen Frost, Sturm, Regen und Schloßenwetter oder sonst äußere Übel, die zu erwarten sind.

*

Man mag nicht *mit* jedem leben, und so kann man auch nicht *für* jeden leben; wer das recht einsieht, wird seine Freunde höchlich zu schätzen wissen, seine Feinde nicht hassen noch verfolgen; vielmehr erlangt der Mensch nicht leicht einen größeren Vorteil, als wenn er die Vorzüge seiner Widersacher gewahr werden kann: dies gibt ihm ein entschiedenes Übergewicht über sie.

*

Gehen wir in die Geschichte zurück, so finden wir überall Persönlichkeiten, mit denen wir uns vertrügen, andere, mit denen wir uns gewiss in Widerstreit befänden.

*

Das Wichtigste bleibt jedoch das Gleichzeitige, weil es sich in uns am reinsten abspiegelt, wir uns in ihm.

*

Cato ward in seinem Alter gerichtlich angeklagt, da er denn in seiner Verteidigungsrede hauptsächlich hervorhob, man könne sich vor niemand verteidigen als vor denen, mit denen man gelebt habe. Und er hat vollkommen recht: Wie will eine Jury aus Prämissen urteilen, die ihr ganz abgehen? Wie will sie sich über Motive beraten, die schon längst hinter ihr liegen?

*

Das Erlebte weiß jeder zu schätzen, am meisten der Denkende und Nachsinnende im Alter; er fühlt mit Zuversicht und Behaglichkeit, dass ihm das niemand rauben kann.

*

So ruhen meine Naturstudien auf der reinen Basis des Erlebten; wer kann mir nehmen, dass ich 1749 geboren bin, dass ich (um Vieles zu überspringen) mich aus *Erxlebens* »Naturlehre« erster Ausgabe treulich unterrichtet, dass ich den Zuwachs der übrigen Editionen, die sich durch Lichtenbergs Aufmerksamkeit grenzenlos anhäuften, nicht etwa im Druck zuerst gesehen, sondern jede neue Entdeckung im Fortschreiten sogleich vernommen und erfahren; dass ich, Schritt für Schritt folgend, die großen Entdeckungen der zweiten Hälfte des achtzehnten Jahrhunderts bis auf den heutigen Tag wie einen Wunderstern nach dem andern vor mir aufgehen sehe? Wer kann mir die heimliche Freude nehmen, wenn ich mir bewusst bin, durch fortwährendes aufmerksames Bestreben mancher großen weltüberraschenden Entdeckung selbst so nahe gekommen zu sein, dass ihre Erscheinung gleichsam aus meinem eignen Innern hervorbrach und ich nun die wenigen Schritte klar vor mir liegen sah, welche zu wagen ich in düsterer Forschung versäumt hatte?

*

Wer die Entdeckung der Luftballone miterlebt hat, wird ein Zeugnis geben, welche Weltbewegung daraus entstand, welcher Anteil die Luftschiffer begleitete, welche Sehnsucht in so viel tausend Gemütern hervordrang, an solchen längst vorausgesetzten, voraus gesagten, immer geglaubten und immer unglaublichen, gefahrvollen Wanderungen teilzunehmen, wie frisch und umständlich jeder einzelne glückliche Versuch die Zeitungen füllte, zu Tagesheften und Kupfern Anlass gab, welchen zarten Anteil man an den unglücklichen Opfern solcher Versuche genommen. Dies ist unmöglich selbst in der Erinnerung wiederherzustellen, so wenig, als wie lebhaft man sich für einen vor dreißig Jahren ausgebrochenen, höchst bedeutenden Krieg interessierte.

*

Die schönste Metempsychose ist die, wenn wir uns im andern wieder auftreten sehn.

*

Professor *Zaupers* »Deutsche Poetik aus Goethe« sowie der »Nachtrag« zu derselben, Wien 1822, darf dem Dichter wohl einen angenehmen Eindruck machen; es ist ihm, als wenn er an Spiegeln vorbeiginge und sich im günstigen Lichte dargestellt erblickte.

*

Und wäre es denn anders? Was der junge Freund an uns erlebt, ist ja gerade Handlung und Tat, Wort und Schrift, die von uns in glücklichen Momenten ausgegangen sind, zu denen wir uns immer gern bekennen.

*

Gar selten tun wir uns selbst genug; desto tröstender ist es, andern genuggetan zu haben.

*

Wir sehen in unser Leben doch nur als in ein Zerstückeltes zurück, weil das Versäumte, Misslungene uns immer zuerst entgegentritt und das Geleistete, Erreichte in der Einbildungskraft überwiegt.

*

Davon kommt dem teilnehmenden Jüngling nichts zur Erscheinung; er sieht, genießt, benutzt die Jugend eines Vorfahren und erbaut sich selbst daran aus dem Innersten heraus, als wenn er schon einmal gewesen wäre, was er ist.

*

Auf ähnliche, ja gleiche Weise erfreuen mich die mannigfaltigen Anklänge, die aus fremden Ländern zu mir gelangen. Fremde Nationen lernen erst später unsere Jugendarbeiten kennen; ihre Jünglinge, ihre Männer, strebend und tätig, sehen ihr Bild in unserm Spiegel, sie erfahren, dass wir das, was sie wollen, auch wollten, ziehen uns in ihre Gemeinschaft und täuschen mit dem Schein einer rückkehrenden Jugend.

*

Die Wissenschaft wird dadurch sehr zurückgehalten, dass man sich abgibt mit dem, was nicht wissenswert, und mit dem, was nicht wissbar ist.

*

Die höhere Empirie verhält sich zur Natur wie der Menschenverstand zum praktischen Leben.

*

Vor den Urphänomenen, wenn sie unseren Sinnen enthüllt erscheinen, fühlen wir eine Art von Scheu, bis zur Angst. Die sinnlichen Menschen retten sich ins Erstaunen; geschwind aber kommt der tätige Kuppler Verstand und will auf seine Weise das Edelste mit dem Gemeinsten vermitteln.

*

Die wahre Vermittlerin ist die Kunst. Über Kunst sprechen heißt die Vermittlerin vermitteln wollen, und doch ist uns daher viel Köstliches erfolgt.

*

Es ist mit den Ableitungsgründen wie mit den Einteilungsgründen: sie müssen durchgehen, oder es ist gar nichts dran.

*

Auch in Wissenschaften kann man eigentlich nichts wissen, es will immer getan sein.

*

Alles wahre Aperçu kommt aus einer Folge und bringt Folge. Es ist ein Mittelglied einer großen, produktiv aufsteigenden Kette.

*

Die Wissenschaft hilft uns vor allem, dass sie das Staunen, wozu wir von Natur berufen sind, einigermaßen erleichtere; sodann aber, dass sie dem immer gesteigerten Leben neue Fertigkeiten erwecke zu Abwendung des Schädlichen und Einleitung des Nutzbaren.

*

Man klagt über wissenschaftliche Akademien, dass sie nicht frisch genug ins Leben eingreifen; das liegt aber nicht an ihnen, sondern an der Art, die Wissenschaften zu behandeln, überhaupt.

*

Aus den Heften
»Zur Naturwissenschaft«

Zweiten Bandes erstes Heft (1823)

Älteres, beinahe Veraltetes

Wenn ein Wissen reif ist, Wissenschaft zu werden, so muss notwendig eine Krise entstehen; denn es wird die Differenz offenbar zwischen denen, die das Einzelne trennen und getrennt darstellen, und solchen, die das Allgemeine im Auge haben und gern das Besondere an- und einfügen möchten. Wie nun aber die wissenschaftliche, ideelle, umgreifendere Behandlung sich mehr und mehr Freunde, Gönner und Mitarbeiter wirbt, so bleibt auf der höheren Stufe jene Trennung zwar nicht so entschieden, aber doch genugsam merklich.

Diejenigen, welche ich die *Universalisten* nennen möchte, sind überzeugt und stellen sich vor: dass alles überall, obgleich mit unendlichen Abweichungen und Mannigfaltigkeiten, vorhanden und vielleicht auch zu finden sei; die andern, die ich *Singularisten* benennen will, gestehen den Hauptpunkt im Allgemeinen zu, ja sie beobachten, bestimmen und lehren hiernach; aber immer wollen sie Ausnahmen finden da, wo der ganze Typus nicht ausgesprochen ist, und darin haben sie recht. Ihr Fehler aber ist nur, dass sie die Grundgestalt verkennen, wo sie sich verhüllt, und leugnen, wenn sie sich verbirgt. Da nun beide Vorstellungsweisen ursprünglich sind und sich einander ewig gegenüberstehen werden, ohne sich zu vereinigen oder aufzuheben, so hüte man ja sich vor aller Kontrovers und stelle seine Überzeugung klar und nackt hin.

So wiederhole ich die meinige: dass man auf diesen höheren Stufen nicht *wissen* kann, sondern *tun* muss; so wie an einem Spiele wenig zu wissen und alles zu leisten ist. Die Natur hat uns das Schachbrett gegeben, aus dem wir nicht hinaus wirken können noch wollen, sie hat uns die Steine geschnitzt, deren Wert, Bewegung und Vermögen nach und nach bekannt werden: nun ist es an uns, Züge zu tun, von denen wir uns Gewinn versprechen; dies versucht nun ein jeder auf seine Weise und lässt sich nicht gern einreden. Mag das also geschehen und beobachten wir nur vor allem genau, wie nah oder fern ein jeder von uns stehe und vertragen uns sodann vorzüglich mit denjenigen, die sich zu der Seite bekennen, zu der wir uns halten. Ferner bedenke man, dass man immer mit einem unauflöslichen Problem zu tun habe, und erweise sich frisch und treu, alles zu beachten, was irgend auf eine Art zur Sprache kommt, am meisten dasjenige, was uns widerstrebt; denn dadurch wird man am ersten das Problematische gewahr, welches zwar in den Gegenständen selbst, mehr aber noch in den Menschen liegt. Ich bin nicht gewiss, ob ich in diesem so wohl bearbeiteten Felde persönlich weiter wirke, doch behalte ich mir vor, auf diese oder jene Wendung des Studiums, auf diese oder jene Schritte der Einzelnen aufmerksam zu sein und aufmerksam zu machen.

*

Allein kann der Mensch nicht wohl bestehen, daher schlägt er sich gern zu einer Partei, weil er da, wenn auch nicht Ruhe, doch Beruhigung und Sicherheit findet.

*

Es gibt wohl zu diesem oder jenem Geschäft von Natur unzulängliche Menschen; Übereilung und Dünkel jedoch sind gefährliche Dämonen, die den Fähigsten unzulänglich machen, alle Wirkung zum Stocken bringen, freie Fortschritte lähmen. Dies gilt von weltlichen Dingen, besonders auch von Wissenschaften.

*

Im Reich der Natur waltet *Bewegung* und *Tat,* im Reiche der Freiheit *Anlage* und *Willen.* Bewegung ist ewig und tritt bei jeder günstigen Bedingung unwiderstehlich in die Erscheinung. Anlagen entwickeln sich zwar auch naturgemäß, müssen aber erst durch den Willen geübt und nach und nach gesteigert werden. Deswegen ist man des freiwilligen Willens so gewiss nicht als der selbständigen Tat: diese tut sich selbst, er aber wird getan; denn er muss, um vollkommen zu werden und zu wirken, sich im Sittlichen dem Gewissen, das nicht irrt, im Kunstreiche aber der Regel fügen, die nirgends ausgesprochen ist. Das Gewissen bedarf keines Ahnherrn, mit ihm ist alles gegeben; es hat nur mit der innern eigenen Welt zu tun. Das Genie bedürfte auch keine Regel, wäre sich selbst genug, gäbe sich selbst die Regel; da es aber nach außen wirkt, so ist es vielfach bedingt durch Stoff und Zeit, und an beiden muss es notwendig irre werden; deswegen es mit allem, was eine Kunst ist, mit dem Regiment wie mit Gedicht, Statue und Gemälde, durchaus so wunderlich und unsicher aussieht.

*

Es ist eine schlimme Sache, die doch manchem Beobachter begegnet, mit einer Anschauung sogleich eine Folgerung zu verknüpfen und beide für gleichgeltend zu achten.

*

Die Geschichte der Wissenschaften zeigt uns bei allem, was für dieselben geschieht, gewisse Epochen, die bald schneller, bald langsamer aufeinander folgen. Eine bedeutende Ansicht, neu oder erneut, wird ausgesprochen; sie wird anerkannt, früher oder später; es finden sich Mitarbeiter; das Resultat geht in die Schüler über; es wird gelehrt und fortgepflanzt, und wir bemerken leider, dass es gar nicht darauf ankommt, ob die Ansicht wahr oder falsch sei: beides macht denselben Gang, beides wird zuletzt eine Phrase, beides prägt sich als totes Wort dem Gedächtnis ein.

*

Zur Verewigung des Irrtums tragen die Werke besonders bei, die enzyklopädisch das Wahre und Falsche des Tages überliefern. Hier kann die Wissenschaft nicht bearbeitet werden, sondern was man weiß, glaubt, wähnt, wird aufgenommen; deswegen sehen solche Werke nach funfzig Jahren gar wunderlich aus.

*

Zuerst belehre man sich selbst, dann wird man Belehrung von andern empfangen.

*

Theorien sind gewöhnlich Übereilungen eines ungeduldigen Verstandes, der die Phänomene gern los sein möchte und an ihrer Stelle deswegen Bilder, Begriffe, ja oft nur Worte einschiebt. Man ahnet, man sieht auch wohl, dass es nur ein Behelf ist; liebt sich nicht aber Leidenschaft und Parteigeist jederzeit Behelfe? Und mit Recht, da sie ihrer so sehr bedürfen.

*

Unsere Zustände schreiben wir bald Gott, bald dem Teufel zu und fehlen ein wie das andere Mal: in uns selbst liegt das Rätsel, die wir Ausgeburt zweier Welten sind. Mit der Farbe geht's ebenso: bald sucht man sie im Lichte bald draußen im Weltall und kann sie gerade da nicht finden, wo sie zu Hause ist.

*

Es wird eine Zeit kommen, wo man eine pathologische Experimentalphysik vorträgt und alle jene Spiegelfechtereien ans Tageslicht bringt, welche den Verstand hintergehen, sich eine Überzeugung erschleichen und, was das Schlimmste daran ist, durchaus jeden praktischen Fortschritt verhindern. Die Phänomene müssen ein für allemal aus der düstern empirisch-mechanisch-dogmatischen Marterkammer vor die Jury des gemeinen Menschenverstandes gebracht werden.

*

Dass Newton bei seinen prismatischen Versuchen die Öffnung so klein als möglich nahm, um eine Linie zum Lichtstrahl bequem zu symbolisieren, hat eine unheilbare Verirrung über die Welt gebracht, an der vielleicht noch Jahrhunderte leiden.

Durch dieses kleine Löchlein ward Malus zu einer abenteuerlichen Theorie getrieben, und wäre Seebeck nicht so umsichtig, so musste er verhindert werden, den Urgrund dieser Erscheinungen, die entoptischen Figuren und Farben zu entdecken.

*

Was aber das Allersonderbarste ist: der Mensch, wenn er auch den Grund des Irrtums aufdeckt, wird den Irrtum selbst deshalb doch nicht los. Mehrere Engländer, besonders Dr. Reade, sprechen gegen Newton leidenschaftlich aus: das prismatische Bild sei keineswegs das Sonnenbild, sondern das Bild der Öffnung unseres Fensterladens, mit Farbensäumen geschmückt;

im prismatischen Bilde gebe es kein ursprünglich Grün, dieses entstehe durch das Übereinandergreifen des Blauen und Gelben, so dass ein schwarzer Streif ebenso gut als ein weißer in Farben aufgelöst scheinen könne, wenn man hier von Auflösen reden wolle. Genug, alles, was wir seit vielen Jahren dargetan haben, legt dieser gute Beobachter gleichfalls vor. Nun aber lässt ihn die fixe Idee einer diversen Refrangibilität nicht los, doch kehrt er sie um und ist womöglich noch befangener als sein großer Meister. Anstatt, durch diese neue Ansicht begeistert, aus jenem Chrysalidenzustande sich herauszureißen, sucht er die schon erwachsenen und entfalteten Glieder aufs Neue in die alten Puppenschalen unterzubringen.

*

Das unmittelbare Gewahrwerden der Urphänomene versetzt uns in eine Art von Angst: wir fühlen unsere Unzulänglichkeit; nur durch das ewige Spiel der Empirie belebt, erfreuen sie uns.

*

Der Magnet ist ein Urphänomen, das man nur aussprechen darf, um es erklärt zu haben; dadurch wird es denn auch ein Symbol für alles Übrige, wofür wir keine Worte noch Namen zu suchen brauchen.

*

Alles Lebendige bildet eine Atmosphäre um sich her.

*

Die außerordentlichen Männer des sechzehnten und siebzehnten Jahrhunderts waren selbst Akademien, wie Humboldt zu unserer Zeit. Als nun das Wissen so ungeheuer überhandnahm, taten sich Privatleute zusammen, um, was den Einzelnen unmöglich wird, vereinigt zu leisten. Von Ministern, Fürsten und Königen hielten sie sich fern. Wie suchte nicht das französische stille Konventikel die Herrschaft Richelieus abzulehnen! Wie verhinderte der englische Oxforder und Londoner Verein den Einfluss der Lieblinge Karls des Zweiten!

Da es aber einmal geschehen war und die Wissenschaften sich als ein Staatsglied im Staatskörper fühlten, einen Rang bei Prozessionen und andern Feierlichkeiten erhielten, war bald der höhere Zweck aus den Augen verloren; man stellte seine

Person vor, und die Wissenschaften hatten auch Mäntelchen um und Käppchen auf. In meiner »Geschichte der Farbenlehre« habe ich dergleichen weitläuftig angeführt. Was aber geschrieben steht, es steht deswegen da, damit es immerfort erfüllt werde.

*

Die Natur auffassen und sie unmittelbar benutzen ist wenig Menschen gegeben; zwischen Erkenntnis und Gebrauch erfinden sie sich gern ein Luftgespinst, das sie sorgfältig ausbilden und darüber den Gegenstand zugleich mit der Benutzung vergessen.

*

Ebenso begreift man nicht leicht, dass in der großen Natur das geschieht, was auch im kleinsten Zirkel vorgeht. Dringt es ihnen die Erfahrung auf, so lassen sie sich's zuletzt gefallen. Spreu, von geriebenem Bernstein angezogen, steht mit dem ungeheuersten Donnerwetter in Verwandtschaft, ja ist eine und eben dieselbe Erscheinung. Dieses Mikromegische gestehen wir auch in einigen andern Fällen zu, bald aber verlässt uns der reine Naturgeist und der Dämon der Künstelei bemächtigt sich unser und weiß sich überall geltend zu machen.

*

Die Natur hat sich so viel Freiheit vorbehalten, dass wir mit Wissen und Wissenschaft ihr nicht durchgängig beikommen oder sie in die Enge treiben können.

*

Mit den Irrtümern der Zeit ist schwer sich abzufinden: widerstrebt man ihnen, so steht man allein; lässt man sich davon befangen, so hat man auch weder Ehre noch Freude davon.

Aus »Wilhelm Meisters Wanderjahren«
(1829)

Betrachtungen im Sinne der Wanderer

Kunst, Ethisches, Natur

Alles Gescheite ist schon gedacht worden, man muss nur versuchen, es noch einmal zu denken.

*

Wie kann man sich selbst kennenlernen? Durch Betrachten niemals, wohl aber durch Handeln. Versuche, deine Pflicht zu tun, und du weißt gleich, was an dir ist.

*

Was aber ist deine Pflicht? Die Forderung des Tages.

*

Die vernünftige Welt ist als ein großes unsterbliches Individuum zu betrachten, das unaufhaltsam das Notwendige bewirkt und dadurch sich sogar über das Zufällige zum Herrn macht.

*

Mir wird, je länger ich lebe, immer verdrießlicher, wenn ich den Menschen sehe, der eigentlich auf seiner höchsten Stelle da ist, um der Natur zu gebieten, um sich und die Seinigen von der gewalttätigen Notwendigkeit zu befreien, wenn ich sehe, wie er aus irgendeinem vorgefassten falschen Begriff gerade das Gegenteil tut von dem, was er will, und sich alsdann, weil die Anlage im Ganzen verdorben ist, im Einzelnen kümmerlich herumpfuscht.

*

Tüchtiger, tätiger Mann, verdiene dir und erwarte
von den Großen – Gnade,
von den Mächtigen – Gunst,
von Tätigen und Guten – Förderung,
von der Menge – Neigung,
von dem Einzelnen – Liebe!

*

Die Dilettanten, wenn sie das Möglichste getan haben, pflegen zu ihrer Entschuldigung zu sagen, die Arbeit sei noch nicht fertig. Freilich kann sie nie fertig werden, weil sie nie recht angefangen ward. Der Meister stellt sein Werk mit wenigen Strichen als fertig dar; ausgeführt oder nicht, schon ist es vollendet. Der geschickteste Dilettant tastet im Ungewissen und wie die Ausführung wächst, kommt die Unsicherheit der ersten Anlage immer mehr zum Vorschein. Ganz zuletzt entdeckt sich erst das Verfehlte, das nicht auszugleichen ist, und so kann das Werk freilich nicht fertig werden.

*

In der wahren Kunst gibt es keine Vorschule, wohl aber Vorbereitungen; die beste jedoch ist die Teilnahme des geringsten Schülers am Geschäft des Meisters. Aus Farbenreibern sind treffliche Maler hervorgegangen.

*

Ein anderes ist die Nachäffung, zu welcher die natürliche allgemeine Tätigkeit des Menschen durch einen bedeutenden Künstler, der das Schwere mit Leichtigkeit vollbringt, zufällig angeregt wird.

*

Von der Notwendigkeit, dass der bildende Künstler Studien nach der Natur mache, und von dem Werte derselben überhaupt sind wir genugsam überzeugt; allein wir leugnen nicht, dass es uns öfters betrübt, wenn wir den Missbrauch eines so löblichen Strebens gewahr werden.

*

Nach unserer Überzeugung sollte der junge Künstler wenig oder gar keine Studien nach der Natur beginnen, wobei er nicht zugleich dächte, wie er jedes Blatt zu einem Ganzen abrunden, wie er diese Einzelnheit, in ein angenehmes Bild verwandelt, in einen Rahmen eingeschlossen, dem Liebhaber und Kenner gefällig anbieten möge.

Es steht manches Schöne isoliert in der Welt, doch der Geist ist es, der Verknüpfungen zu entdecken und dadurch Kunstwerke hervorzubringen hat. – Die Blume gewinnt erst ihren Reiz durch das Insekt, das ihr anhängt, durch den Tautropfen, der sie befeuchtet, durch das Gefäß, woraus sie allenfalls ihre letzte Nahrung zieht. Kein Busch, kein Baum, dem man nicht durch die Nachbarschaft eines Felsens, einer Quelle Bedeutung geben, durch eine mäßige, einfache Ferne größern Reiz verleihen könnte. So ist es mit menschlichen Figuren und so mit Tieren aller Art beschaffen.

Der Vorteil, den sich der junge Künstler hierdurch verschafft, ist gar mannigfaltig. Er lernt denken, das Passende gehörig zusammenbinden, und wenn er auf diese Weise geistreich komponiert, wird es ihm zuletzt auch an dem, was man Erfindung nennt, an dem Entwickeln des Mannigfaltigen aus dem Einzelnen keineswegs fehlen können.

Tut er nun hierin der eigentlichen Kunstpädagogik wahrhaft Genüge, so hat er noch nebenher den großen, nicht zu verachtenden Gewinn, dass er lernt, verkäufliche, dem Liebhaber anmutige und liebliche Blätter hervorzubringen.

Eine solche Arbeit braucht nicht im höchsten Grade ausgeführt und vollendet zu sein; wenn sie gut gesehen, gedacht und fertig ist, so ist sie für den Liebhaber oft reizender als ein größeres, ausgeführtes Werk.

Beschaue doch jeder junge Künstler seine Studien im Büchelchen und im Portefeuille und überlege, wie viele Blätter er davon auf jene Weise genießbar und wünschenswert hätte machen können!

Es ist nicht die Rede vom Höheren, wovon man wohl auch sprechen könnte, sondern es soll nur als Warnung gesagt sein, die von einem Abwege zurückruft und aufs Höhere hindeutet.

Versuche es doch der Künstler nur ein halb Jahr praktisch und setze weder Kohle noch Pinsel an ohne Intention, einen vorliegenden Naturgegenstand als Bild abzuschließen! Hat er angebornes Talent, so wird sich's bald offenbaren, welche Absicht wir bei diesen Andeutungen im Sinne hegten.

*

Sage mir, mit wem du umgehst, so sage ich dir, wer du bist; weiß ich, womit du dich beschäftigst, so weiß ich, was aus dir werden kann.

*

Jeder Mensch muss nach seiner Weise denken; denn er findet auf seinem Wege immer ein Wahres oder eine Art von Wahrem, die ihm durchs Leben hilft. Nur darf er sich nicht gehenlassen, er muss sich kontrollieren; der bloße nackte Instinkt geziemt nicht dem Menschen.

*

Unbedingte Tätigkeit, von welcher Art sie sei, macht zuletzt bankrott.

*

In den Werken des Menschen wie in denen der Natur sind eigentlich die Absichten vorzüglich der Aufmerksamkeit wert.

*

Die Menschen werden an sich und andern irre, weil sie die Mittel als Zweck behandeln, da denn vor lauter Tätigkeit gar nichts geschieht oder vielleicht gar das Widerwärtige.

*

Was wir ausdenken, was wir vornehmen, sollte schon vollkommen so rein und schön sein, dass die Welt nur daran zu verderben hätte; wir blieben dadurch in dem Vorteil, das Verschobene zurechtzurücken, das Zerstörte wiederherzustellen.

*

Ganze, Halb- und Viertelsirrtümer sind gar schwer und mühsam zurechtzulegen, zu sichten und das Wahre daran dahin zu stellen, wohin es gehört.

*

Es ist nicht immer nötig, dass das Wahre sich verkörpere; schon genug, wenn es geistig umherschwebt und Übereinstimmung bewirkt, wenn es wie Glockenton ernst-freundlich durch die Lüfte wogt.

*

Wenn ich jüngere deutsche Maler, sogar solche, die sich eine Zeitlang in Italien aufgehalten, befrage, warum sie doch, besonders in ihren Landschaften, so widerwärtige grelle Töne dem Auge darstellen und vor aller Harmonie zu fliehen scheinen, so geben sie wohl ganz dreist und getrost zur Antwort, sie sähen die Natur genau auf solche Weise.

*

Kant hat uns aufmerksam gemacht, dass es eine Kritik der Vernunft gebe, dass dieses höchste Vermögen, was der Mensch besitzt, Ursache habe, über sich selbst zu wachen. Wie großen Vorteil uns diese Stimme gebracht, möge jeder an sich selbst geprüft haben. Ich aber möchte in eben dem Sinne die Aufgabe stellen, dass eine Kritik der Sinne nötig sei, wenn die Kunst überhaupt, besonders die deutsche, irgend wieder sich erholen und in einem erfreulichen Lebensschritt vorwärtsgehen solle.

*

Der zur Vernunft geborene Mensch bedarf noch großer Bildung, sie mag sich ihm nun durch Sorgfalt der Eltern und Erzieher, durch friedliches Beispiel oder durch strenge Erfahrung nach und nach offenbaren. Ebenso wird zwar der *angehende* Künstler, aber nicht der *vollendete* geboren; sein Auge komme frisch auf die Welt, er habe glücklichen Blick für Gestalt, Proportion, Bewegung; aber für höhere Komposition, für Haltung, Licht, Schatten, Farben kann ihm die natürliche Anlage fehlen, ohne dass er es gewahr wird.

Ist er nun nicht geneigt, von höher ausgebildeten Künstlern der Vor- und Mitzeit das zu lernen, was ihm fehlt, um eigentlicher Künstler zu sein, so wird er im falschen Begriff von bewahrter Originalität hinter sich selbst zurückbleiben; denn nicht allein das, was mit uns geboren ist, sondern auch das, was wir erwerben können, gehört uns an, und wir sind es.

*

Allgemeine Begriffe und großer Dünkel sind immer auf dem Wege, entsetzliches Unglück anzurichten.

*

»Blasen ist nicht flöten, ihr müsst die Finger bewegen.«

*

Die Botaniker haben eine Pflanzenabteilung, die sie Incompletae nennen; man kann eben auch sagen, dass es inkomplette, unvollständige Menschen gibt. Es sind diejenigen, deren Sehnsucht und Streben mit ihrem Tun und Leisten nicht proportioniert ist.

*

Der geringste Mensch kann komplett sein, wenn er sich innerhalb der Grenzen seiner Fähigkeiten und Fertigkeiten bewegt; aber selbst schöne Vorzüge werden verdunkelt, aufgehoben und vernichtet, wenn jenes unerlässlich geforderte Ebenmaß abgeht. Dieses Unheil wird sich in der neuern Zeit noch öfter hervortun; denn wer wird wohl den Forderungen einer durchaus gesteigerten Gegenwart, und zwar in schnellster Bewegung, genugtun können?

*

Nur klug-tätige Menschen, die ihre Kräfte kennen und sie mit Maß und Gescheitigkeit benutzen, werden es im Weltwesen weit bringen.

*

Ein großer Fehler: dass man sich mehr dünkt, als man ist, und sich weniger schätzt, als man wert ist.

*

Es begegnet mir von Zeit zu Zeit ein Jüngling, an dem ich nichts verändert noch gebessert wünschte; nur macht mir bange, dass ich manchen vollkommen geeignet sehe, im Zeitstrom mit fortzuschwimmen, und hier ist's, wo ich immerfort aufmerksam machen möchte: dass dem Menschen in seinem zerbrechlichen Kahn eben deshalb das Ruder in die Hand gegeben ist, damit er nicht der Willkür der Wellen, sondern dem Willen seiner Einsicht Folge leiste.

Wie soll nun aber ein junger Mann für sich selbst dahin gelangen, dasjenige für tadelnswert und schädlich anzusehen, was jedermann treibt, billigt und fördert? Warum soll er sich nicht und sein Naturell auch dahin gehen lassen?

*

Für das größte Unheil unserer Zeit, die nichts reif werden lässt, muss ich halten, dass man im nächsten Augenblick den vorhergehenden verspeist, den Tag im Tage vertut und so immer aus der Hand in den Mund lebt, ohne irgendetwas vor sich zu bringen. Haben wir doch schon Blätter für sämtliche Tageszeiten! Ein guter Kopf könnte wohl noch eins und das andere interkalieren. Dadurch wird alles, was ein jeder tut, treibt, dichtet, ja was er vorhat, ins Öffentliche geschleppt. Niemand darf sich freuen oder leiden als zum Zeitvertreib der Übrigen, und so springt's von Haus zu Haus, von Stadt zu Stadt, von Reich zu Reich und zuletzt von Weltteil zu Weltteil, alles veloziferisch.

*

Sowenig nun die Dampfmaschinen zu dämpfen sind, sowenig ist dies auch im Sittlichen möglich: die Lebhaftigkeit des Handels, das Durchrauschen des Papiergelds, das Anschwellen der Schulden, um Schulden zu bezahlen, das alles sind die ungeheuern Elemente, auf die gegenwärtig ein junger Mann gesetzt ist. Wohl ihm, wenn er von der Natur mit mäßigem, ruhigem Sinn begabt ist, um weder unverhältnismäßige Forderungen an die Welt zu machen noch auch von ihr sich bestimmen zu lassen!

Aber in einem jeden Kreise bedroht ihn der Tagesgeist, und nichts ist nötiger, als früh genug ihm die Richtung bemerklich zu machen, wohin sein Wille zu steuern hat.

*

Die Bedeutsamkeit der unschuldigsten Reden und Handlungen wächst mit den Jahren, und wen ich länger um mich sehe, den suche ich immerfort aufmerksam zu machen, welch ein Unterschied stattfinde zwischen Aufrichtigkeit, Vertrauen und Indiskretion, ja dass eigentlich kein Unterschied sei, vielmehr nur ein leiser Übergang vom Unverfänglichsten zum Schädlichsten, welcher bemerkt oder vielmehr empfunden werden müsse.

Hierauf haben wir unsern Takt zu üben, sonst laufen wir Gefahr, auf dem Wege, worauf wir uns die Gunst der Menschen erwarben, sie ganz unversehens wieder zu verscherzen. Das begreift man wohl im Laufe des Lebens von selbst, aber erst nach bezahltem teuren Lehrgelde, das man leider seinen Nachkommenden nicht ersparen kann.

*

Das Verhältnis der Künste und Wissenschaften zum Leben ist nach Verhältnis der Stufen, worauf sie stehen, nach Beschaffenheit der Zeiten und tausend andern Zufälligkeiten sehr verschieden; deswegen auch niemand darüber im Ganzen leicht klug werden kann.

*

Poesie wirkt am meisten im Anfang der Zustände, sie seien nun ganz roh, halbkultiviert oder bei Abänderung einer Kultur, beim Gewahrwerden einer fremden Kultur, dass man also sagen kann, die Wirkung der Neuheit findet durchaus statt.

Musik im besten Sinne bedarf weniger der Neuheit, ja vielmehr je älter sie ist, je gewohnter man sie ist, desto mehr wirkt sie.

Die Würde der Kunst erscheint bei der Musik vielleicht am eminentesten, weil sie keinen Stoff hat, der abgerechnet werden müsste. Sie ist ganz Form und Gehalt und erhöht und veredelt alles, was sie ausdrückt.

Die Musik ist heilig oder profan. Das Heilige ist ihrer Würde ganz gemäß, und hier hat sie die größte Wirkung aufs Leben, welche sich durch alle Zeiten und Epochen gleichbleibt. Die profane sollte durchaus heiter sein.

Eine Musik, die den heiligen und profanen Charakter vermischt, ist gottlos, und eine halbschürige, welche schwache, jammervolle, erbärmliche Empfindungen auszudrücken Belieben findet, ist abgeschmackt. Denn sie ist nicht ernst genug, um heilig zu sein, und es fehlt ihr der Hauptcharakter des Entgegengesetzten: die Heiterkeit.

Die Heiligkeit der Kirchenmusiken, das Heitere und Neckische der Volksmelodien sind die beiden Angeln, um die sich die wahre Musik herumdreht. Auf diesen beiden Punkten beweist sie jederzeit eine unausbleibliche Wirkung: Andacht oder Tanz. Die Vermischung macht irre, die Verschwächung wird fade, und will die Musik sich an Lehrgedichte oder beschreibende und dergleichen wenden, so wird sie kalt.

Plastik wirkt eigentlich nur auf ihrer höchsten Stufe; alles Mittlere kann wohl aus mehr denn *einer* Ursache imponieren, aber alle mittleren Kunstwerke dieser Art machen mehr irre, als dass sie erfreuen. Die Bildhauerkunst muss sich daher noch ein stoffartiges Interesse suchen, und das findet sie in den Bildnissen bedeutender Menschen. Aber auch hier muss sie schon einen hohen Grad erreichen, wenn sie zugleich wahr und würdig sein will.

Die *Malerei* ist die lässlichste und bequemste von allen Künsten. Die lässlichste, weil man ihr um des Stoffes und des Gegenstandes willen auch da, wo sie nur Handwerk oder kaum eine Kunst ist, Vieles zugutehält und sich an ihr erfreut; teils weil eine technische, obgleich geistlose Ausführung den Ungebildeten wie den Gebildeten in Verwunderung setzt, so dass sie sich also nur einigermaßen zur Kunst zu steigern braucht, um in einem höheren Grade willkommen zu sein. Wahrheit in Farben, Oberflächen, in Beziehungen der sichtbaren Gegenstände aufeinander ist schon angenehm, und da das Auge ohnehin gewohnt ist, alles zu sehen, so ist ihm eine Missgestalt und also auch ein Missbild nicht so zuwider als dem Ohr ein Misston. Man lässt die schlechteste Abbildung gelten, weil man noch schlechtere Gegenstände zu sehen gewohnt ist. Der Maler darf also nur einigermaßen Künstler sein, so findet er schon ein größeres Publikum als der Musiker, der auf gleichem Grade stünde; wenigstens kann der geringere Maler immer für sich operieren, anstatt dass der mindere Musiker sich mit anderen soziieren muss, um durch gesellige Leistung einigen Effekt zu tun.

Die Frage, ob man bei Betrachtung von Kunstleistungen vergleichen solle oder nicht, möchten wir folgendermaßen beantworten: Der ausgebildete Kenner soll vergleichen; denn ihm schwebt die Idee vor, er hat den Begriff gefasst, was geleistet werden könne und solle; der Liebhaber, auf dem Wege zur Bildung begriffen, fördert sich am besten, wenn er nicht vergleicht, sondern jedes Verdienst einzeln betrachtet: dadurch bildet sich Gefühl und Sinn für das Allgemeinere nach und nach aus. Das Vergleichen der Unkenner ist eigentlich nur eine Bequemlichkeit, die sich gern des Urteils überheben möchte.

*

Wahrheitsliebe zeigt sich darin, dass man überall das Gute zu finden und zu schätzen weiß.

*

Ein historisches Menschengefühl heißt ein dergestalt gebildetes, dass es bei Schätzung gleichzeitiger Verdienste und Verdienstlichkeiten auch die Vergangenheit mit in Anschlag bringt.

*

Das Beste, was wir von der Geschichte haben, ist der Enthusiasmus, den sie erregt.

*

Eigentümlichkeit ruft Eigentümlichkeit hervor.

*

Man muss bedenken, dass unter den Menschen gar viele sind, die doch auch etwas Bedeutendes sagen wollen, ohne produktiv zu sein, und da kommen die wunderlichsten Dinge an den Tag.

*

Tief und ernstlich denkende Menschen haben gegen das Publikum einen bösen Stand.

*

Wenn ich die Meinung eines andern anhören soll, so muss sie positiv ausgesprochen werden; Problematisches hab ich in mir selbst genug.

*

Der Aberglaube gehört zum Wesen des Menschen und flüchtet sich, wenn man ihn ganz und gar zu verdrängen denkt, in die wunderlichsten Ecken und Winkel, von wo er auf einmal, wenn er einigermaßen sicher zu sein glaubt, wieder hervortritt.

*

Wir würden gar Vieles besser kennen, wenn wir es nicht zu genau erkennen wollten. Wird uns doch ein Gegenstand unter einem Winkel von fünfundvierzig Graden erst fasslich.

*

Mikroskope und Fernröhre verwirren eigentlich den reinen Menschensinn.

*

Ich schweige zu Vielem still; denn ich mag die Menschen nicht irremachen und bin wohl zufrieden, wenn sie sich freuen da, wo ich mich ärgere.

*

Alles, was unsern Geist befreit, ohne uns die Herrschaft über uns selbst zu geben, ist verderblich.

*

Das *Was* des Kunstwerks interessiert die Menschen mehr als das *Wie;* jenes können sie einzeln ergreifen, dieses im Ganzen nicht fassen. Daher kommt das Herausheben von Stellen, wobei zuletzt, wenn man wohl aufmerkt, die Wirkung der Totalität auch nicht ausbleibt, aber jedem unbewusst.

*

Die Frage: »Woher hat's der Dichter?« geht auch nur aufs *Was;* vom *Wie* erfährt dabei niemand etwas.

*

Einbildungskraft wird nur durch Kunst, besonders durch Poesie geregelt. Es ist nichts fürchterlicher als Einbildungskraft ohne Geschmack.

*

Das Manierierte ist ein verfehltes Ideelle, ein subjektiviertes Ideelle; daher fehlt ihm das Geistreiche nicht leicht.

*

Der Philolog ist angewiesen auf die Kongruenz des geschriebenen Überlieferten. Ein Manuskript liegt zum Grunde, es finden sich in demselben wirkliche Lücken, Schreibfehler, die eine Lücke im Sinne machen, und was sonst alles an einem Manuskript zu tadeln sein mag. Nun findet sich eine zweite Abschrift, eine dritte; die Vergleichung derselben bewirkt immer mehr, das Verständige und Vernünftige der Überlieferung gewahr zu werden. Ja er geht weiter und verlangt von seinem innern Sinn, dass derselbe ohne äußere Hilfsmittel die Kongruenz des Abgehandelten immer mehr zu begreifen und darzustellen wisse. Weil nun hierzu ein besonderer Takt, eine besondere Vertiefung in seinen abgeschiedenen Autor nötig und ein gewisser Grad von Erfindungskraft gefordert wird, so kann man dem Philologen nicht verdenken, wenn er sich auch ein Urteil bei Geschmackssachen zutraut, welches ihm jedoch nicht immer gelingen wird.

*

Der Dichter ist angewiesen auf Darstellung. Das Höchste derselben ist, wenn sie mit der Wirklichkeit wetteifert, das heißt, wenn ihre Schilderungen durch den Geist dergestalt lebendig sind, dass sie als gegenwärtig für jedermann gelten können. Auf ihrem höchsten Gipfel scheint die Poesie ganz äußerlich; je mehr sie sich ins Innere zurückzieht, ist sie auf dem Wege zu sinken. – Diejenige, die nur das Innere darstellt, ohne es durch ein Äußeres zu verkörpern oder ohne das Äußere durch das Innere durchfühlen zu lassen, sind beides die letzten Stufen, von welchen aus sie ins gemeine Leben hineintritt.

*

Die Redekunst ist angewiesen auf alle Vorteile der Poesie, auf alle ihre Rechte; sie bemächtigt sich derselben und missbraucht sie, um gewisse äußere, sittliche oder unsittliche, augenblickliche Vorteile im bürgerlichen Leben zu erreichen.

*

Literatur ist das Fragment der Fragmente; das wenigste dessen, was geschah und gesprochen worden, ward geschrieben, vom Geschriebenen ist das Wenigste übrig geblieben.

*

In natürlicher Wahrheit und Großheit, obgleich wild und unbehaglich ausgebildetes Talent ist Lord Byron, und deswegen kaum ein anderes ihm vergleichbar.

*

Eigentlichster Wert der sogenannten Volkslieder ist der, dass ihre Motive unmittelbar von der Natur genommen sind. Dieses Vorteils aber könnte der gebildete Dichter sich auch bedienen, wenn er es verstünde.

Hierbei aber haben jene immer das voraus, dass natürliche Menschen sich besser auf den Lakonismus verstehen als eigentlich Gebildete.

*

Shakespeare ist für aufkeimende Talente gefährlich zu lesen; er nötigt sie, ihn zu reproduzieren, und sie bilden sich ein, sich selbst zu produzieren.

*

Über Geschichte kann niemand urteilen, als wer an sich selbst Geschichte erlebt hat. So geht es ganzen Nationen. Die Deutschen können erst über Literatur urteilen, seitdem sie selbst eine Literatur haben.

*

Man ist nur eigentlich lebendig, wenn man sich des Wohlwollens andrer freut.

*

Frömmigkeit ist kein Zweck, sondern ein Mittel, um durch die reinste Gemütsruhe zur höchsten Kultur zu gelangen.

*

Deswegen lässt sich bemerken, dass diejenigen, welche Frömmigkeit als Zweck und Ziel aufstecken, meistens Heuchler werden.

*

»Wenn man alt ist, muss man mehr tun, als da man jung war.«

*

Erfüllte Pflicht empfindet sich immer noch als Schuld, weil man sich nie ganz genuggetan.

*

Die Mängel erkennt nur der Lieblose; deshalb, um sie einzusehen, muss man auch lieblos werden, aber nicht mehr, als hierzu nötig ist.

*

Das höchste Glück ist das, welches unsere Mängel verbessert und unsere Fehler ausgleicht.

*

Kannst du lesen, so sollst du verstehen; kannst du schreiben, so musst du etwas wissen; kannst du glauben, so sollst du begreifen; wenn du begehrst, wirst du sollen; wenn du forderst, wirst du nicht erlangen, und wenn du erfahren bist, sollst du nutzen.

*

Man erkennt niemand an als den, der uns nutzt. Wir erkennen den Fürsten an, weil wir unter seiner Firma den Besitz gesichert sehen. Wir gewärtigen uns von ihm Schutz gegen äußere und innere widerwärtige Verhältnisse.

*

Der Bach ist dem Müller befreundet, dem er nutzt, und er stürzt gern über die Räder; was hilft es ihm, gleichgültig durchs Tal hinzuschleichen?

*

Wer sich mit reiner Erfahrung begnügt und danach handelt, der hat Wahres genug. Das heranwachsende Kind ist weise in diesem Sinne.

*

Die Theorie an und für sich ist nichts nütze, als insofern sie uns an den Zusammenhang der Erscheinungen glauben macht.

*

Alles Abstrakte wird durch Anwendung dem Menschenverstand genähert, und so gelangt der Menschenverstand durch Handeln und Beobachten zur Abstraktion.

*

Wer zu viel verlangt, wer sich am Verwickelten erfreut, der ist den Verirrungen ausgesetzt.

*

Nach Analogien denken ist nicht zu schelten: die Analogie hat den Vorteil, dass sie nicht abschließt und eigentlich nichts Letztes will; dagegen die Induktion verderblich ist, die einen vorgesetzten Zweck im Auge trägt und, auf denselben losarbeitend, Falsches und Wahres mit sich fortreißt.

*

Gewöhnliches Anschauen, richtige Ansicht der irdischen Dinge ist ein Erbteil des allgemeinen Menschenverstandes; *reines* Anschauen des Äußern und Innern ist sehr selten.

Es äußert sich jenes im praktischen Sinn, im unmittelbaren Handeln; dieses symbolisch, vorzüglich durch Mathematik, in Zahlen und Formeln, durch Rede, uranfänglich, tropisch, als Poesie des Genies, als Sprichwörtlichkeit des Menschenverstandes.

*

Das Abwesende wirkt auf uns durch Überlieferung. Die gewöhnliche ist historisch zu nennen; eine höhere, der Einbildungskraft verwandte, ist mythisch. Sucht man hinter dieser noch etwas Drittes, irgendeine Bedeutung, so verwandelt sie sich in Mystik. Auch wird sie leicht sentimental, so dass wir uns nur, was gemütlich ist, aneignen.

*

Die Wirksamkeiten, auf die wir achten müssen, wenn wir wahrhaft gefördert sein wollen, sind:

vorbereitende,
begleitende,
mitwirkende,
nachhelfende,
fördernde,
verstärkende,
hindernde,
nachwirkende.

Im Betrachten wie im Handeln ist das Zugängliche von dem Unzugänglichen zu unterscheiden; ohne dies lässt sich im Leben wie im Wissen wenig leisten.

*

»Le sens commun est le génie de l'humanité.«

Der Gemeinverstand, der als Genie der Menschheit gelten soll, muss vorerst in seinen Äußerungen betrachtet werden. Forschen wir, wozu ihn die Menschheit benutzt, so finden wir Folgendes:

Die Menschheit ist bedingt durch Bedürfnisse. Sind diese nicht befriedigt, so erweist sie sich ungeduldig; sind sie befriedigt, so erscheint sie gleichgültig. Der eigentliche Mensch bewegt sich also zwischen beiden Zuständen, und seinen Verstand, den sogenannten Menschenverstand, wird er anwenden, seine Bedürfnisse zu befriedigen; ist es geschehen, so hat er die Aufgabe, die Räume der Gleichgültigkeit auszufüllen. Beschränkt sich dieses in die nächsten und notwendigsten Grenzen, so gelingt es ihm auch. Erheben sich aber die Bedürfnisse, treten sie aus dem Kreise des Gemeinen heraus, so ist der Gemeinverstand nicht mehr hinreichend, er ist kein Genius mehr, die Region des Irrtums ist der Menschheit aufgetan.

*

Es geschicht nichts Unvernünftiges, das nicht Verstand oder Zufall wieder in die Richte brächten; nichts Vernünftiges, das Unverstand und Zufall nicht missleiten könnten.

*

Jede große Idee, sobald sie in die Erscheinung tritt, wirkt tyrannisch; daher die Vorteile, die sie hervorbringt, sich nur allzu bald in Nachteile verwandeln. Man kann deshalb eine jede Institution verteidigen und rühmen, wenn man an ihre Anfänge erinnert und darzutun weiß, dass alles, was von ihr im Anfange gegolten, auch jetzt noch gelte.

*

Lessing, der mancherlei Beschränkung unwillig fühlte, lässt eine seiner Personen sagen: »Niemand muss müssen.« Ein geistreicher, frohgesinnter Mann sagte: »Wer will, der muss.« Ein Dritter, freilich ein Gebildeter, fügte hinzu: »Wer einsieht, der will auch.« Und so glaubte man den ganzen Kreis des Erkennens, Wollens und Müssens abgeschlossen zu haben. Aber im Durchschnitt bestimmt die Erkenntnis des Menschen, von welcher Art sie auch sei, sein Tun und Lassen; deswegen auch nichts schrecklicher ist, als die Unwissenheit handeln zu sehen.

*

Es gibt zwei friedliche Gewalten: das Recht und die Schicklichkeit.

Das Recht dringt auf Schuldigkeit, die Polizei aufs Geziemende. Das Recht ist abwägend und entscheidend, die Polizei überschauend und gebietend. Das Recht bezieht sich auf den Einzelnen, die Polizei auf die Gesamtheit.

*

Die Geschichte der Wissenschaften ist eine große Fuge, in der die Stimmen der Völker nach und nach zum Vorschein kommen.

*

Man kann in den Naturwissenschaften über manche Probleme nicht gehörig sprechen, wenn man die Metaphysik nicht zu Hülfe ruft; aber nicht jene Schul- und Wortweisheit: es ist dasjenige, was vor, mit und nach der Physik war, ist und sein wird.

*

Autorität, dass nämlich etwas schon einmal geschehen, gesagt oder entschieden worden sei, hat großen Wert; aber nur der Pedant fordert überall Autorität.

*

Altes Fundament ehrt man, darf aber das Recht nicht aufgeben, irgendwo wieder einmal von vorn zu gründen.

*

Beharre, wo du stehst! – Maxime, notwendiger als je, indem einerseits die Menschen in große Parteien gerissen werden, sodann aber auch jeder Einzelne nach individueller Einsicht und Vermögen sich geltend machen will.

*

Man tut immer besser, dass man sich grad ausspricht, wie man denkt, ohne viel beweisen zu wollen; denn alle Beweise, die wir vorbringen, sind doch nur Variationen unserer Meinungen, und die Widriggesinnten hören weder auf das eine noch auf das andere.

*

Da ich mit der Naturwissenschaft, wie sie sich von Tag zu Tage vorwärts bewegt, immer mehr bekannt und verwandt werde, so dringt sich mir gar manche Betrachtung auf über die Vor- und Rückschritte, die zu gleicher Zeit geschehen. Eines nur sei hier ausgesprochen: *dass wir sogar anerkannte Irrtümer aus der Wissenschaft nicht loswerden.* Die Ursache hiervon ist ein offenbares Geheimnis.

*

Einen Irrtum nenn ich, wenn irgendein Ereignis falsch ausgelegt, falsch angeknüpft, falsch abgeleitet wird. Nun ereignet sich aber im Gange des Erfahrens und Denkens, dass eine Erscheinung folgerecht angeknüpft, richtig abgeleitet wird. Das lässt man sich wohl gefallen, legt aber keinen besondern Wert darauf und lässt den Irrtum ganz ruhig danebenliegen, und ich kenne ein kleines Magazin von Irrtümern, die man sorgfältig aufbewahrt.

*

Da nun den Menschen eigentlich nichts interessiert als seine Meinung, so sieht jedermann, der eine Meinung vorträgt, sich rechts und links nach Hilfsmitteln um, damit er sich und andere bestärken möge. Des Wahren bedient man sich, solange es brauchbar ist; aber leidenschaftlich-rhetorisch ergreift man das Falsche, sobald man es für den Augenblick nutzen, damit als einem Halbargumente blenden, als mit einem Lückenbüßer das Zerstückelte scheinbar vereinigen kann. Dieses zu erfahren war mir erst ein Ärgernis, dann betrübte ich mich darüber, und nun macht es mir Schadenfreude: ich habe mir das Wort gegeben, ein solches Verfahren niemals wieder aufzudecken.

*

Jedes Existierende ist ein Analogon alles Existierenden; daher erscheint uns das Dasein immer zu gleicher Zeit gesondert und verknüpft. Folgt man der Analogie zu sehr, so fällt alles identisch zusammen; meidet man sie, so zerstreut sich alles ins Unendliche. In beiden Fällen stagniert die Betrachtung, einmal als überlebendig, das andere Mal als getötet.

*

Die Vernunft ist auf das Werdende, der Verstand auf das Gewordene angewiesen; jene bekümmert sich nicht: wozu?, dieser fragt nicht: woher? – Sie erfreut sich am Entwickeln; er wünscht alles festzuhalten, damit er es nutzen könne.

*

Es ist eine Eigenheit dem Menschen angeboren und mit seiner Natur innigst verwebt: dass ihm zur Erkenntnis das Nächste nicht genügt; da doch jede Erscheinung, die wir selbst gewahr werden, im Augenblick das Nächste ist und wir von ihr fordern können, dass sie sich selbst erkläre, wenn wir kräftig in sie dringen.

Das werden aber die Menschen nicht lernen, weil es gegen ihre Natur ist; daher die Gebildeten es selbst nicht lassen können, wenn sie an Ort und Stelle irgendein Wahres erkannt haben, es nicht nur mit dem Nächsten, sondern auch mit dem Weitesten und Fernsten zusammenzuhängen, woraus denn Irrtum über Irrtum entspringt. Das nahe Phänomen hängt aber mit dem fernen nur in dem Sinne zusammen, dass sich alles auf wenige große Gesetze bezieht, die sich überall manifestieren.

*

Was ist das Allgemeine?
Der einzelne Fall.
Was ist das Besondere?
Millionen Fälle.

*

Die Analogie hat zwei Verirrungen zu fürchten: einmal, sich dem Witz hinzugeben, wo sie in nichts zerfließt, die andere, sich mit Tropen und Gleichnissen zu umhüllen, welches jedoch weniger schädlich ist.

*

Weder Mythologie noch Legenden sind in der Wissenschaft zu dulden. Lasse man diese den Poeten, die berufen sind, sie zu Nutz und Freude der Welt zu behandeln. Der wissenschaftliche Mann beschränke sich auf die nächste, klarste Gegenwart. Wollte derselbe jedoch gelegentlich als Rhetor auftreten, so sei ihm jenes auch nicht verwehrt.

*

Um mich zu retten, betrachte ich alle Erscheinungen als unabhängig voneinander und suche sie gewaltsam zu isolieren; dann betrachte ich sie als Korrelate, und sie verbinden sich zu einem entschiedenen Leben. Dies bezieh ich vorzüglich auf Natur; aber auch in Bezug auf die neueste, um uns her bewegte Weltgeschichte ist diese Betrachtungsweise fruchtbar.

*

Alles, was wir Erfinden, Entdecken im höheren Sinne nennen, ist die bedeutende Ausübung, Betätigung eines originalen Wahrheitsgefühls, das, im Stillen längst ausgebildet, unversehens, mit Blitzesschnelle zu einer fruchtbaren Erkenntnis führt. Es ist eine aus dem Innern am Äußern sich entwickelnde Offenbarung, die den Menschen seine Gottähnlichkeit vorahnen lässt. Es ist eine Synthese von Welt und Geist, welche von der ewigen Harmonie des Daseins die seligste Versicherung gibt.

*

Der Mensch muss bei dem Glauben verharren, dass das Unbegreifliche begreiflich sei; er würde sonst nicht forschen.

Begreiflich ist jedes Besondere, das sich auf irgendeine Weise anwenden lässt. Auf diese Weise kann das Unbegreifliche nützlich werden.

*

Es gibt eine zarte Empirie, die sich mit dem Gegenstand innigst identisch macht und dadurch zur eigentlichen Theorie wird. Diese Steigerung des geistigen Vermögens aber gehört einer hochgebildeten Zeit an.

*

Am widerwärtigsten sind die kricklichen Beobachter und grilligen Theoristen; ihre Versuche sind kleinlich und kompliziert, ihre Hypothesen abstrus und wunderlich.

*

Es gibt Pedanten, die zugleich Schelme sind, und das sind die allerschlimmsten.

*

Um zu begreifen, dass der Himmel überall blau ist, braucht man nicht um die Welt zu reisen.

*

Das Allgemeine und Besondere fallen zusammen: das Besondere ist das Allgemeine, unter verschiedenen Bedingungen erscheinend.

*

Man braucht nicht alles selbst gesehen noch erlebt zu haben; willst du aber dem andern und seinen Darstellungen vertrauen, so denke, dass du es nun mit dreien zu tun hast: mit dem Gegenstand und zwei Subjekten.

*

Grundeigenschaft der lebendigen Einheit: sich zu trennen, sich zu vereinen, sich ins Allgemeine zu ergehen, im Besondern zu verharren, sich zu verwandeln, sich zu spezifizieren und, wie das Lebendige unter tausend Bedingungen sich dartun mag, hervorzutreten und zu verschwinden, zu solideszieren und zu schmelzen, zu erstarren und zu fließen, sich auszudehnen und sich zusammenzuziehen. Weil nun alle diese Wirkungen im gleichen Zeitmoment zugleich vorgehen, so kann alles und jedes zu gleicher Zeit eintreten. Entstehen und Vergehen, Schaffen und Vernichten, Geburt und Tod, Freud und Leid, alles wirkt durcheinander, in gleichem Sinn und gleichem Maße;

deswegen denn auch das Besonderste, das sich ereignet, immer als Bild und Gleichnis des Allgemeinsten auftritt.

*

Ist das ganze Dasein ein ewiges Trennen und Verbinden, so folgt auch, dass die Menschen im Betrachten des ungeheuren Zustandes auch bald trennen, bald verbinden werden.

*

Als getrennt muss sich darstellen: Physik von Mathematik. Jene muss in einer entschiedenen Unabhängigkeit bestehen und mit allen liebenden, verehrenden, frommen Kräften in die Natur und das heilige Leben derselben einzudringen suchen, ganz unbekümmert, was die Mathematik von ihrer Seite leistet und tut. Diese muss sich dagegen unabhängig von allem Äußern erklären, ihren eigenen großen Geistesgang gehen und sich selber reiner ausbilden, als es geschehen kann, wenn sie wie bisher sich mit dem Vorhandenen abgibt und diesem etwas abzugewinnen oder anzupassen trachtet.

*

In der Naturforschung bedarf es eines kategorischen Imperativs so gut als im Sittlichen; nur bedenke man, dass man dadurch nicht am Ende, sondern erst am Anfang ist.

*

Das Höchste wäre: zu begreifen, dass alles Faktische schon Theorie ist. Die Bläue des Himmels offenbart uns das Grundgesetz der Chromatik. Man suche nur nichts hinter den Phänomenen: sie selbst sind die Lehre.

*

In den Wissenschaften ist viel Gewisses, sobald man sich von den Ausnahmen nicht irremachen lässt und die Probleme zu ehren weiß.

*

Wenn ich mich beim Urphänomen zuletzt beruhige, so ist es doch auch nur Resignation; aber es bleibt ein großer Unterschied, ob ich mich an den Grenzen der Menschheit resigniere oder innerhalb einer hypothetischen Beschränktheit meines bornierten Individuums.

*

Wenn man die Probleme des Aristoteles ansieht, so erstaunt man über die Gabe des Bemerkens und für was alles die Griechen Augen gehabt haben. Nur begehen sie den Fehler der Übereilung, da sie von dem Phänomen unmittelbar zur Erklärung schreiten, wodurch denn ganz unzulängliche theoretische Aussprüche zum Vorschein kommen. Dieses ist jedoch der allgemeine Fehler, der noch heutzutage begangen wird.

*

Hypothesen sind Wiegenlieder, womit der Lehrer seine Schüler einlullt; der denkende, treue Beobachter lernt immer mehr seine Beschränkung kennen, er sieht: je weiter sich das Wissen ausbreitet, desto mehr Probleme kommen zum Vorschein.

*

Unser Fehler besteht darin, dass wir am Gewissen zweifeln und das Ungewisse fixieren möchten. Meine Maxime bei der Naturforschung ist, das Gewisse festzuhalten und dem Ungewissen aufzupassen.

*

Lässliche Hypothese nenn ich eine solche, die man gleichsam schalkhaft aufstellt, um sich von der ernsthaften Natur widerlegen zu lassen.

*

Wie wollte einer als Meister in seinem Fach erscheinen, wenn er nichts Unnützes lehrte!

*

Das Närrischste ist, dass jeder glaubt überliefern zu müssen, was man gewusst zu haben glaubt.

*

Weil zum didaktischen Vortrag Gewissheit verlangt wird, indem der Schüler nichts Unsicheres überliefert haben will, so darf der Lehrer kein Problem stehenlassen und sich etwa in einiger Entfernung da herumbewegen. Gleich muss etwas bestimmt sein (»bepaalt«, sagt der Holländer), und nun glaubt man eine Weile, den unbekannten Raum zu besitzen, bis ein anderer die Pfähle wieder ausreißt und sogleich enger oder weiter abermals wieder bepfählt.

*

Lebhafte Frage nach der Ursache, Verwechslung von Ursache und Wirkung, Beruhigung in einer falschen Theorie sind von großer, nicht zu entwickelnder Schädlichkeit.

*

Wenn mancher sich nicht verpflichtet fühlte, das Unwahre zu wiederholen, weil er's einmal gesagt hat, so wären es ganz andere Leute geworden.

*

Das Falsche hat den Vorteil, dass man immer darüber schwätzen kann; das Wahre muss gleich genutzt werden, sonst ist es nicht da.

*

Wer nicht einsieht, wie das Wahre praktisch erleichtert, mag gern daran mäkeln und häkeln, damit er nur sein irriges, mühseliges Treiben einigermaßen beschönigen könne.

*

Die Deutschen, und sie nicht allein, besitzen die Gabe, die Wissenschaften unzugänglich zu machen.

*

Der Engländer ist Meister, das Entdeckte gleich zu nutzen, bis es wieder zu neuer Entdeckung und frischer Tat führt. Man frage nun, warum sie uns überall voraus sind.

*

Der denkende Mensch hat die wunderliche Eigenschaft, dass er an die Stelle, wo das unaufgelöste Problem liegt, gerne ein Phantasiebild hinfabelt, das er nicht loswerden kann, wenn das Problem auch aufgelöst und die Wahrheit am Tage ist.

*

Es gehört eine eigene Geisteswendung dazu, um das gestaltlose Wirkliche in seiner eigensten Art zu fassen und es von Hirngespinsten zu unterscheiden, die sich denn doch auch mit einer gewissen Wirklichkeit lebhaft aufdringen.

*

Bei Betrachtung der Natur im Großen wie im Kleinen hab ich unausgesetzt die Frage gestellt: »Ist es der Gegenstand oder bist du es, der sich hier ausspricht?« Und in diesem Sinne betrachtete ich auch Vorgänger und Mitarbeiter.

*

Ein jeder Mensch sieht die fertige und geregelte, gebildete, vollkommene Welt doch nur als ein Element an, woraus er sich eine besondere, ihm angemessene Welt zu erschaffen bemüht ist. Tüchtige Menschen ergreifen sie ohne Bedenken und suchen damit, wie es gehen will, zu gebaren, andere zaudern an ihr herum, einige zweifeln sogar an ihrem Dasein.

Wer sich von dieser Grundwahrheit recht durchdrungen fühlte, würde mit niemanden streiten, sondern nur die Vorstellungsart eines andern wie seine eigene als ein Phänomen betrachten. Denn wir erfahren fast täglich, dass der eine mit Bequemlichkeit denken mag, was dem andern zu denken unmöglich ist, und zwar nicht etwa in Dingen, die auf Wohl und Wehe nur irgendeinen Einfluss hätten, sondern in Dingen, die für uns völlig gleichgültig sind.

*

Man weiß eigentlich das, was man weiß, nur für sich selbst. Spreche ich mit einem andern von dem, was ich zu wissen glaube, unmittelbar glaubt er's besser zu wissen, und ich muss mit meinem Wissen immer wieder in mich selbst zurückkehren.

*

Das Wahre fördert; aus dem Irrtum entwickelt sich nichts, er verwickelt uns nur.

*

Der Mensch findet sich mitten unter Wirkungen und kann sich nicht enthalten, nach den Ursachen zu fragen; als ein bequemes Wesen greift er nach der nächsten als der besten und beruhigt sich dabei; besonders ist dies die Art des allgemeinen Menschenverstandes.

*

Sieht man ein Übel, so wirkt man unmittelbar darauf, das heißt, man kuriert unmittelbar aufs Symptom los.

*

Die Vernunft hat nur über das Lebendige Herrschaft; die entstandene Welt, mit der sich die Geognosie abgibt, ist tot. Daher kann es keine Geologie geben; denn die Vernunft hat hier nichts zu tun.

*

Wenn ich ein zerstreutes Gerippe finde, so kann ich es zusammenlesen und aufstellen; denn hier spricht die ewige Vernunft durch ein Analogon zu mir, und wenn es das Riesenfaultier wäre.

*

Was nicht mehr entsteht, können wir uns als entstehend nicht denken; das Entstandene begreifen wir nicht.

*

Der allgemeine neuere Vulkanismus ist eigentlich ein kühner Versuch, die gegenwärtige unbegreifliche Welt an eine vergangene unbekannte zu knüpfen.

*

Gleiche oder wenigstens ähnliche Wirkungen werden auf verschiedene Weise durch Naturkräfte hervorgebracht.

*

Nichts ist widerwärtiger als die Majorität; denn sie besteht aus wenigen kräftigen Vorgängern, aus Schelmen, die sich akkommodieren, aus Schwachen, die sich assimilieren, und der Masse, die nachtrollt, ohne nur im Mindesten zu wissen, was sie will.

*

Die Mathematik ist wie die Dialektik ein Organ des inneren, höheren Sinnes; in der Ausübung ist sie eine Kunst wie die Beredsamkeit. Für beide hat nichts Wert als die Form; der Gehalt ist ihnen gleichgültig. Ob die Mathematik Pfennige oder Guineen berechne, die Rhetorik Wahres oder Falsches verteidige, ist beiden vollkommen gleich.

Hier aber kommt es nun auf die Natur des Menschen an, der ein solches Geschäft betreibt, eine solche Kunst ausübt. Ein durchgreifender Advokat in einer gerechten Sache, ein durchdringender Mathematiker vor dem Sternenhimmel erscheinen beide gleich gottähnlich.

Was ist an der Mathematik exakt als die Exaktheit? Und diese, ist sie nicht eine Folge des innern Wahrheitsgefühls?

Die Mathematik vermag kein Vorurteil wegzuheben, sie kann den Eigensinn nicht lindern, den Parteigeist nicht beschwichtigen, nichts von allem Sittlichen vermag sie.

Der Mathematiker ist nur insofern vollkommen, als er ein vollkommener Mensch ist, als er das Schöne des Wahren in sich empfindet; dann erst wird er gründlich, durchsichtig, umsichtig, rein, klar, anmutig, ja elegant wirken. Das alles gehört dazu, um La Grange ähnlich zu werden.

*

Nicht die Sprache an und für sich ist richtig, tüchtig, zierlich, sondern der Geist ist es, der sich darin verkörpert, und so kommt es nicht auf einen jeden an, ob er seinen Rechnungen, Reden oder Gedichten die wünschenswerten Eigenschaften verleihen will: es ist die Frage, ob ihm die Natur hierzu die geistigen und sittlichen Eigenschaften verliehen hat. Die geistigen: das Vermögen der An- und Durchschauung, die sittlichen: dass er die bösen Dämonen ablehne, die ihn hindern könnten, dem Wahren die Ehre zu geben.

*

Das Einfache durch das Zusammengesetzte, das Leichte durch das Schwierige erklären zu wollen ist ein Unheil, das in dem ganzen Körper der Wissenschaft verteilt ist, von den Einsichtigen wohl anerkannt, aber nicht überall eingestanden.

*

Man sehe die Physik genau durch, und man wird finden, dass die Phänomene sowie die Versuche, worauf sie gebaut ist, verschiedenen Wert haben.

*

Auf die primären, die Urversuche kommt alles an, und das Kapitel, das hierauf gebaut ist, steht sicher und fest. Aber es gibt auch sekundäre, tertiäre und so weiter; gesteht man diesen das gleiche Recht zu, so verwirren sie nur das, was von den ersten aufgeklärt war.

*

Ein großes Übel in den Wissenschaften, ja überall entsteht daher, dass Menschen, die kein Ideenvermögen haben, zu theoretisieren sich vermessen, weil sie nicht begreifen, dass noch so vieles Wissen hierzu nicht berechtigt. Sie gehen im Anfange wohl mit einem löblichen Menschenverstand zu Werke, dieser aber hat seine Grenzen, und wenn er sie überschreitet, kommt er in Gefahr, absurd zu werden. Des Menschenverstandes angewiesenes Gebiet und Erbteil ist der Bezirk des Tuns und Handelns. Tätig wird er sich selten verirren; das höhere Denken, Schließen und Urteilen jedoch ist nicht seine Sache.

*

Die Erfahrung nutzt erst der Wissenschaft, sodann schadet sie, weil die Erfahrung Gesetz und Ausnahme gewahr werden lässt. Der Durchschnitt von beiden gibt keineswegs das Wahre.

*

Man sagt, zwischen zwei entgegen gesetzten Meinungen liege die Wahrheit mitteninne. Keineswegs! Das Problem liegt dazwischen, das Unschaubare, das ewig tätige Leben, in Ruhe gedacht.

Aus Makariens Archiv

Die Geheimnisse der Lebenspfade darf und kann man nicht offenbaren; es gibt Steine des Anstoßes, über die ein jeder Wanderer stolpern muss. Der Poet aber deutet auf die Stelle hin.

*

Es wäre nicht der Mühe wert, siebzig Jahr alt zu werden, wenn alle Weisheit der Welt Torheit wäre vor Gott.

*

Das Wahre ist gottähnlich: es erscheint nicht unmittelbar, wir müssen es aus seinen Manifestationen erraten.

*

Der echte Schüler lernt aus dem Bekannten das Unbekannte entwickeln und nähert sich dem Meister.

Aber die Menschen vermögen nicht leicht aus dem Bekannten das Unbekannte zu entwickeln; denn sie wissen nicht, dass ihr Verstand ebensolche Künste wie die Natur treibt.

Denn die Götter lehren uns ihr eigenstes Werk nachahmen; doch wissen wir nur, was wir tun, erkennen aber nicht, was wir nachahmen.

Alles ist gleich, alles ungleich, alles nützlich und schädlich, sprechend und stumm, vernünftig und unvernünftig. Und was man von einzelnen Dingen bekennt, widerspricht sich öfters.

Denn das Gesetz haben die Menschen sich selbst auferlegt, ohne zu wissen, über was sie Gesetze gaben; aber die Natur haben alle Götter geordnet.

Was nun die Menschen gesetzt haben, das will nicht passen, es mag recht oder unrecht sein; was aber die Götter setzten, das ist immer am Platz, recht oder unrecht.

Ich aber will zeigen, dass die bekannten Künste der Menschen natürlichen Begebenheiten gleich sind, die offenbar oder geheim vorgehen.

Von der Art ist die Weissagekunst. Sie erkennet aus dem Offenbaren das Verborgene, aus dem Gegenwärtigen das Zukünftige, aus dem Toten das Lebendige, und den Sinn des Sinnlosen.

So erkennt der Unterrichtete immer recht die Natur des Menschen, und der Ununterrichtete sieht sie bald so, bald so an, und jeder ahmt sie nach seiner Weise nach.

Wenn ein Mann mit einem Weibe zusammentrifft und ein Knabe entsteht, so wird aus etwas Bekanntem ein Unbekanntes. Dagegen wenn der dunkle Geist des Knaben die deutlichen Dinge in sich aufnimmt, so wird er zum Mann und lernt aus dem Gegenwärtigen das Zukünftige erkennen.

Das Unsterbliche ist nicht dem sterblichen Lebenden zu vergleichen, und doch ist auch das bloß Lebende verständig. So weiß der Magen recht gut, wann er hungert und durstet.

So verhält sich die Wahrsagekunst zur menschlichen Natur. Und beide sind dem Einsichtsvollen immer recht; dem Beschränkten aber erscheinen sie bald so, bald so.

In der Schmiede erweicht man das Eisen, indem man das Feuer anbläst und dem Stabe seine überflüssige Nahrung nimmt; ist er aber rein geworden, dann schlägt man ihn und zwingt ihn, und durch die Nahrung eines fremden Wassers wird er wieder stark. Das widerfährt auch dem Menschen von seinem Lehrer.

Da wir überzeugt sind, dass derjenige, der die intellektuelle Welt beschaut und des wahrhaften Intellekts Schönheit gewahr wird, auch wohl ihren Vater, der über allen Sinn erhaben ist, bemerken könne, so versuchen wir denn, nach Kräften einzusehen und für uns selbst auszudrücken – insofern sich dergleichen deutlich machen lässt –, auf welche Weise wir die Schönheit des Geistes und der Welt anzuschauen vermögen.

Nehmet an daher, zwei steinerne Massen seien nebeneinandergestellt, deren eine roh und ohne künstliche Bearbeitung geblieben, die andere aber durch die Kunst zur Statue, einer menschlichen oder göttlichen, ausgebildet worden. Wäre es eine göttliche, so möchte sie eine Grazie oder Muse vorstellen; wäre es eine menschliche, so dürfte es nicht ein besonderer Mensch sein, vielmehr irgendeiner, den die Kunst aus allem Schönen versammelte.

Euch wird aber der Stein, der durch die Kunst zur schönen Gestalt gebracht worden, alsobald schön erscheinen; doch nicht, weil er Stein ist – denn sonst würde die andere Masse gleichfalls für schön gelten –, sondern daher, dass er eine Gestalt hat, welche die Kunst ihm erteilte.

Die Materie aber hatte eine solche Gestalt nicht, sondern diese war in dem Ersinnenden früher, als sie zum Stein gelangte. Sie war jedoch in dem Künstler nicht, weil er Augen und Hände hatte, sondern weil er mit der Kunst begabt war.

Also war in der Kunst noch eine weit größere Schönheit; denn nicht die Gestalt, die in der Kunst ruhet, gelangt in den Stein, sondern dorten bleibt sie, und es gehet indessen eine andere, geringere hervor, die nicht rein in sich selbst verharret, noch auch wie sie der Künstler wünschte, sondern insofern der Stoff der Kunst gehorchte.

Wenn aber die Kunst dasjenige, was sie ist und besitzt, auch hervorbringt und das Schöne nach der Vernunft hervorbringt, nach welcher sie immer handelt, so ist sie fürwahr diejenige, die mehr und wahrer eine größere und trefflichere Schönheit der Kunst besitzt, vollkommener als alles, was nach außen hervortritt.

Denn indem die Form, in die Materie hervorschreitend, schon ausgedehnt wird, so wird sie schwächer als jene, welche in *einem* verharret. Denn was in sich eine Entfernung erduldet, tritt von sich selbst weg: Stärke von Stärke, Wärme von Wärme, Kraft von Kraft, so auch Schönheit von Schönheit. Daher muss das Wirkende trefflicher sein als das Gewirkte. Denn nicht die Unmusik macht den Musiker, sondern die Musik, und die übersinnliche Musik bringt die Musik in sinnlichem Ton hervor.

Wollte aber jemand die Künste verachten, weil sie der Natur nachahmen, so lässt sich darauf antworten, dass die Naturen auch manches andere nachahmen, dass ferner die Künste nicht das geradezu nachahmen, was man mit Augen siehet, sondern auf jenes Vernünftige zurückgehen, aus welchem die Natur bestehet und wornach sie handelt.

Ferner bringen auch die Künste Vieles aus sich selbst hervor und fügen andrerseits manches hinzu, was der Vollkommenheit abgehet, indem sie die Schönheit in sich selbst haben. So konnte Phidias den Gott bilden, ob er gleich nichts sinnlich Erblickliches nachahmte, sondern sich einen solchen in den Sinn fasste, wie Zeus selbst erscheinen würde, wenn er unsern Augen begegnen möchte.

Man kann den Idealisten alter und neuer Zeit nicht verargen, wenn sie so lebhaft auf Beherzigung des *einen* dringen, woher alles entspringt und worauf alles wieder zurückzuführen wäre. Denn freilich ist das belebende und ordnende Prinzip in der Erscheinung dergestalt bedrängt, dass es sich kaum zu retten weiß. Allein wir verkürzen uns an der andern Seite wieder, wenn wir das Formende und die höhere Form selbst in eine vor unserm äußern und innern Sinn verschwindende Einheit zurückdrängen.

Wir Menschen sind auf Ausdehnung und Bewegung angewiesen; diese beiden allgemeinen Formen sind es, in welchen sich alle übrigen Formen, besonders die sinnlichen, offenbaren. Eine geistige Form wird aber keineswegs verkürzt, wenn sie in der Erscheinung hervortritt, vorausgesetzt, dass ihr Hervortreten eine wahre Zeugung, eine wahre Fortpflanzung sei. Das Gezeugte ist nicht geringer als das Zeugende, ja es ist der Vorteil lebendiger Zeugung, dass das Gezeugte vortrefflicher sein kann als das Zeugende.

Dieses weiter auszuführen und vollkommen anschaulich, ja, was mehr ist, durchaus praktisch zu machen würde von wichtigem Belang sein. Eine umständliche, folgerechte Ausführung aber möchte den Hörern übergroße Aufmerksamkeit zumuten.

*

Was einem angehört, wird man nicht los, und wenn man es wegwürfe.

*

Die neueste Philosophie unserer westlichen Nachbarn gibt ein Zeugnis, dass der Mensch, er gebärde sich, wie er wolle, und so auch ganze Nationen immer wieder zum Angeborenen zurückkehren. Und wie wollte das anders sein, da ja dieses seine Natur und Lebensweise bestimmt?

*

Die Franzosen haben dem Materialismus entsagt und den Uranfängen etwas mehr Geist und Leben zuerkannt; sie haben sich vom Sensualismus losgemacht und den Tiefen der menschlichen Natur eine Entwickelung aus sich selbst eingestanden, sie lassen in ihr eine produktive Kraft gelten und suchen nicht alle Kunst aus Nachahmung eines gewahr gewordenen Äußern zu erklären. In solchen Richtungen mögen sie beharren.

*

Eine eklektische Philosophie kann es nicht geben, wohl aber eklektische Philosophen.

Ein Eklektiker aber ist ein jeder, der aus dem, was ihn umgibt, aus dem, was sich um ihn ereignet, sich dasjenige aneignet, was seiner Natur gemäß ist; und in diesem Sinne gilt alles, was Bildung und Fortschreitung heißt, theoretisch oder praktisch genommen.

Zwei eklektische Philosophen könnten demnach die größten Widersacher werden, wenn sie, antagonistisch geboren, jeder von seiner Seite sich aus allen überlieferten Philosophien dasjenige aneigneten, was ihm gemäß wäre. Sehe man doch nur um sich her, so wird man immer finden, dass jeder Mensch auf diese Weise verfährt und deshalb nicht begreift, warum er andere nicht zu seiner Meinung bekehren kann.

*

Besieht man es genauer, so findet sich, dass dem Geschichtschreiber selbst die Geschichte nicht leicht historisch wird; denn der jedesmalige Schreiber schreibt immer nur so, als wenn er damals selbst dabei gewesen wäre, nicht aber, was vormals war und damals bewegte. Der Chronikenschreiber selbst deutet nur mehr oder weniger auf die Beschränktheit, auf die Eigenheiten seiner Stadt, seines Klosters wie seines Zeitalters.

Sogar ist es selten, dass jemand im höchsten Alter sich selbst historisch wird und dass ihm die Mitlebenden historisch werden, so dass er mit niemanden mehr kontrovertieren mag noch kann.

Verschiedene Sprüche der Alten, die man sich öfters zu wiederholen pflegt, hatten eine ganz andere Bedeutung, als man ihnen in späteren Zeiten geben möchte.

*

Das Wort, es solle kein mit der Geometrie Unbekannter der Geometrie Fremder in die Schule des Philosophen treten, heißt nicht etwa, man solle ein Mathematiker sein, um ein Weltweiser zu werden.

Geometrie ist hier in ihren ersten Elementen gedacht, wie sie uns im Euklid vorliegt und wie wir sie einen jeden Anfänger beginnen lassen. Alsdann aber ist sie die vollkommenste Vorbereitung, ja Einleitung in die Philosophie.

*

Wenn der Knabe zu begreifen anfängt, dass einem sichtbaren Punkte ein unsichtbarer vorhergehen müsse, dass der nächste Weg zwischen zwei Punkten schon als Linie gedacht werde, ehe sie mit dem Bleistift aufs Papier gezogen wird, so fühlt er einen gewissen Stolz, ein Behagen. Und nicht mit Unrecht; denn ihm ist die Quelle alles Denkens aufgeschlossen, Idee und Verwirklichtes, »potentia et actu« ist ihm klargeworden;

der Philosoph entdeckt ihm nichts Neues, dem Geometer war von seiner Seite der Grund alles Denkens aufgegangen.

Nehmen wir sodann das bedeutende Wort vor: »Erkenne dich selbst!«, so müssen wir es nicht im aszetischen Sinne auslegen. Es ist keineswegs die Heautognosie unserer modernen Hypochondristen, Humoristen und Heautontimorumenen damit gemeint; sondern es heißt ganz einfach: Gib einigermaßen Acht auf dich selbst, nimm Notiz von dir selbst, damit du gewahr werdest, wie du zu deinesgleichen und der Welt zu stehen kommst! Hierzu bedarf es keiner psychologischen Quälereien; jeder tüchtige Mensch weiß und erfährt, was es heißen soll; es ist ein guter Rat, der einem jeden praktisch zum größten Vorteil gedeiht.

*

Man denke sich das Große der Alten, vorzüglich der Sokratischen Schule, dass sie Quelle und Richtschnur alles Lebens und Tuns vor Augen stellt, nicht zu leerer Spekulation, sondern zu Leben und Tat auffordert.

Wenn nun unser Schulunterricht immer auf das Altertum hinweist, das Studium der griechischen und lateinischen Sprache fördert, so können wir uns Glück wünschen, dass diese zu einer höheren Kultur so nötigen Studien niemals rückgängig werden.

Denn wenn wir uns dem Altertum gegenüberstellen und es ernstlich in der Absicht anschauen, uns daran zu bilden, so gewinnen wir die Empfindung, als ob wir erst eigentlich zu Menschen würden.

Der Schulmann, indem er Lateinisch zu schreiben und zu sprechen versucht, kommt sich höher und vornehmer vor, als er sich in seinem Alltagsleben dünken darf.

Der für dichterische und bildnerische Schöpfungen empfängliche Geist fühlt sich dem Altertum gegenüber in den anmutigst-ideellen Naturzustand versetzt, und noch auf den heutigen Tag haben die Homerischen Gesänge die Kraft, uns wenigstens für Augenblicke von der furchtbaren Last zu befreien, welche die Überlieferung von mehrern tausend Jahren auf uns gewälzt hat.

Wie Sokrates den sittlichen Menschen zu sich berief, damit dieser ganz einfach einigermaßen über sich selbst aufgeklärt würde, so traten Plato und Aristoteles gleichfalls als befugte Individuen vor die Natur; der eine, mit Geist und Gemüt sich ihr anzueignen, der andere, mit Forscherblick und Methode sie für sich zu gewinnen. Und so ist denn auch jede Annäherung, die sich uns im Ganzen und Einzelnen an diese dreie möglich macht, das Ereignis, was wir am freudigsten empfinden und was unsere Bildung zu befördern sich jederzeit kräftig erweist.

*

Um sich aus der grenzenlosen Vielfachheit, Zerstückelung und Verwickelung der modernen Naturlehre wieder ins Einfache zu retten, muss man sich immer die Frage vorlegen: Wie würde sich Plato gegen die Natur, wie sie uns jetzt in ihrer größeren Mannigfaltigkeit, bei aller gründlichen Einheit, erscheinen mag, benommen haben?

Denn wir glauben überzeugt zu sein, dass wir auf demselben Wege bis zu den letzten Verzweigungen der Erkenntnis organisch gelangen und von diesem Grund aus die Gipfel eines jeden Wissens uns nach und nach aufbauen und befestigen können. Wie uns hierbei die Tätigkeit des Zeitalters fördert und hindert, ist freilich eine Untersuchung, die wir jeden Tag anstellen müssen, wenn wir nicht das Nützliche abweisen und das Schädliche aufnehmen wollen.

*

Man rühmt das achtzehnte Jahrhundert, dass es sich hauptsächlich mit Analyse abgegeben; dem neunzehnten bleibt nun die Aufgabe, die falschen obwaltenden Synthesen zu entdecken und deren Inhalt aufs Neue zu analysieren.

*

Es gibt nur zwei wahre Religionen, die eine, die das Heilige, das in und um uns wohnt, ganz formlos, die andere, die es in der schönsten Form anerkennt und anbetet. Alles, was dazwischen liegt, ist Götzendienst.

*

Es ist nicht zu leugnen, dass der Geist sich durch die Reformation zu befreien suchte; die Aufklärung über griechisches und römisches Altertum brachte den Wunsch, die Sehnsucht nach einem freieren, anständigeren und geschmackvolleren Leben hervor. Sie wurde aber nicht wenig dadurch begünstigt, dass das Herz in einen gewissen einfachen Naturstand zurückzukehren und die Einbildungskraft sich zu konzentrieren trachtete.

*

Aus dem Himmel wurden auf einmal alle Heiligen vertrieben und von einer göttlichen Mutter mit einem zarten Kinde Sinne, Gedanken, Gemüt auf den Erwachsenen, sittlich Wirkenden, ungerecht Leidenden gerichtet, welcher später als Halbgott verklärt, als wirklicher Gott anerkannt und verehrt wurde.

*

Er stand vor einem Hintergrunde, wo der Schöpfer das Weltall ausgebreitet hatte; von ihm ging eine geistige Wirkung aus, seine Leiden eignete man sich als Beispiel zu, und seine Verklärung war das Pfand für eine ewige Dauer.

*

So wie der Weihrauch einer Kohle Leben erfrischet, so erfrischet das Gebet die Hoffnungen des Herzens.

*

Ich bin überzeugt, dass die Bibel immer schöner wird, je mehr man sie versteht, das heißt, je mehr man einsieht und anschaut, dass jedes Wort, das wir allgemein auffassen und im Besondern auf uns anwenden, nach gewissen Umständen, nach Zeit- und Ortsverhältnissen einen eignen, besondern, unmittelbar individuellen Bezug gehabt hat.

*

Genau besehen, haben wir uns noch alle Tage zu reformieren und gegen andere zu protestieren, wenn auch nicht in religiösem Sinne.

*

Wir haben das unabweichliche, täglich zu erneuernde, grundernstliche Bestreben, das Wort mit dem Empfundenen, Geschauten, Gedachten, Erfahrenen, Imaginierten, Vernünftigen möglichst unmittelbar zusammentreffend zu erfassen.

Jeder prüfe sich, und er wird finden, dass dies viel schwerer sei, als man denken möchte; denn leider sind dem Menschen die Worte gewöhnlich Surrogate: er denkt und weiß es meistenteils besser, als er sich ausspricht.

Verharren wir aber in dem Bestreben, das Falsche, Ungehörige, Unzulängliche, was sich in uns und andern entwickeln oder einschleichen könnte, durch Klarheit und Redlichkeit auf das möglichste zu beseitigen!

*

Mit den Jahren steigern sich die Prüfungen.

*

Wo ich aufhören muss, sittlich zu sein, habe ich keine Gewalt mehr.

*

Zensur und Pressfreiheit werden immerfort miteinander kämpfen. Zensur fordert und übt der Mächtige, Pressfreiheit verlangt der Mindere. Jener will weder in seinen Plänen noch seiner Tätigkeit durch vorlautes, widersprechendes Wesen gehindert, sondern gehorcht sein; diese wollen ihre Gründe aussprechen, den Ungehorsam zu legitimieren. Dieses wird man überall geltend finden.

Doch muss man auch hier bemerken, dass der Schwächere, der leidende Teil gleichfalls auf seine Weise die Pressfreiheit zu unterdrücken sucht, und zwar in dem Falle, wenn er konspiriert und nicht verraten sein will.

*

Man wird nie betrogen, man betrügt sich selbst.

*

Wir brauchen in unserer Sprache ein Wort, das, wie Kindheit sich zu Kind verhält, so das Verhältnis Volkheit zum Volke ausdrückt. Der Erzieher muss die Kindheit hören, nicht das Kind; der Gesetzgeber und Regent die Volkheit, nicht das Volk. Jene spricht immer dasselbe aus, ist vernünftig, beständig, rein und wahr; dieses weiß niemals für lauter Wollen, was es will. Und in diesem Sinne soll und kann das Gesetz der allgemein ausgesprochene Wille der Volkheit sein, ein Wille, den die Menge niemals ausspricht, den aber der Verständige vernimmt und den der Vernünftige zu befriedigen weiß und der Gute gern befriedigt.

*

Welches Recht wir zum Regiment haben, danach fragen wir nicht: wir regieren. Ob das Volk ein Recht habe, uns abzusetzen, darum bekümmern wir uns nicht: wir hüten uns nur, dass es nicht in Versuchung komme, es zu tun.

*

Wenn man den Tod abschaffen könnte, dagegen hätten wir nichts; die Todesstrafen abzuschaffen wird schwerhalten. Geschieht es, so rufen wir sie gelegentlich wieder zurück.

Wenn sich die Sozietät des Rechtes begibt, die Todesstrafe zu verfügen, so tritt die Selbsthülfe unmittelbar wieder hervor: die Blutrache klopft an die Türe.

*

Alle Gesetze sind von Alten und Männern gemacht. Junge und Weiber wollen die Ausnahme, Alte die Regel.

*

Der Verständige regiert nicht, aber der Verstand; nicht der Vernünftige, sondern die Vernunft.

*

Wen jemand lobt, dem stellt er sich gleich.

*

Es ist nicht genug zu wissen, man muss auch anwenden; es ist nicht genug zu wollen, man muss auch tun.

*

Es gibt keine patriotische Kunst und keine patriotische Wissenschaft. Beide gehören wie alles hohe Gute der ganzen Welt an und können nur durch allgemeine freie Wechselwirkung aller zugleich Lebenden in steter Rücksicht auf das, was uns vom Vergangenen übrig und bekannt ist, gefördert werden.

*

Wissenschaften entfernen sich im Ganzen immer vom Leben und kehren nur durch einen Umweg wieder dahin zurück.

Denn sie sind eigentlich Kompendien des Lebens: sie bringen die äußern und innern Erfahrungen ins Allgemeine, in einen Zusammenhang.

Das Interesse an ihnen wird im Grunde nur in einer besonderen Welt, in der wissenschaftlichen, erregt; denn dass man auch die übrige Welt dazu beruft und ihr davon Notiz gibt, wie es in der neuern Zeit geschieht, ist ein Missbrauch und bringt mehr Schaden als Nutzen.

Nur durch eine erhöhte Praxis sollten die Wissenschaften auf die äußere Welt wirken; denn eigentlich sind sie alle esoterisch und können nur durch Verbessern irgendeines Tuns exoterisch werden. Alle übrige Teilnahme führt zu nichts.

Die Wissenschaften, auch in ihrem innern Kreise betrachtet, werden mit augenblicklichem, jedesmaligem Interesse behandelt. Ein starker Anstoß, besonders von etwas Neuem und Unerhörtem oder wenigstens mächtig Gefördertem, erregt eine allgemeine Teilnahme, die jahrelang dauern kann und die besonders in den letzten Zeiten sehr fruchtbar geworden ist.

Ein bedeutendes Faktum, ein geniales Aperçu beschäftigt eine sehr große Anzahl Menschen, erst nur, um es zu kennen, dann um es zu erkennen, dann es zu bearbeiten und weiterzuführen.

Die Menge fragt bei einer jeden neuen bedeutenden Erscheinung, was sie nutze, und sie hat nicht unrecht; denn sie kann bloß durch den Nutzen den Wert einer Sache gewahr werden.

Die wahren Weisen fragen, wie sich die Sache verhalte in sich selbst und zu andern Dingen, unbekümmert um den Nutzen, das heißt um die Anwendung auf das Bekannte und zum Leben Notwendige, welche ganz andere Geister, scharfsinnige, lebenslustige, technisch geübte und gewandte, schon finden werden.

Die Afterweisen suchen von jeder neuen Entdeckung nur so geschwind als möglich für sich einigen Vorteil zu ziehen, indem sie einen eitlen Ruhm bald in Fortpflanzung, bald in Vermehrung, bald in Verbesserung, geschwinder Besitznahme, vielleicht gar durch Präokkupation, zu erwerben suchen und durch solche Unreifheiten die wahre Wissenschaft unsicher machen und verwirren, ja ihre schönste Folge, die praktische Blüte derselben, offenbar verkümmern.

Das schädlichste Vorurteil ist, dass irgendeine Art Naturuntersuchung mit dem Bann belegt werden könne.

Jeder Forscher muss sich durchaus ansehen als einer, der zu einer Jury berufen ist. Er hat nur darauf zu achten, inwiefern der Vortrag vollständig sei und durch klare Belege auseinandergesetzt. Er fasst hiernach seine Überzeugung zusammen und gibt seine Stimme, es sei nun, dass seine Meinung mit der des Referenten übereintreffe, oder nicht.

Dabei bleibt er ebenso beruhigt, wenn ihm die Majorität beistimmt, als wenn er sich in der Minorität befindet; denn er hat das Seinige getan, er hat seine Überzeugung ausgesprochen, er ist nicht Herr über die Geister noch über die Gemüter.

In der wissenschaftlichen Welt haben aber diese Gesinnungen niemals gelten wollen; durchaus ist es auf Herrschen und Beherrschen angesehen, und weil sehr wenige Menschen eigentlich selbständig sind, so zieht die Menge den Einzelnen nach sich.

Die Geschichte der Philosophie, der Wissenschaften, der Religion, alles zeigt, dass die Meinungen massenweis sich verbreiten, immer aber diejenige den Vorrang gewinnt, welche fasslicher, das heißt dem menschlichen Geiste in seinem gemeinen Zustande gemäß und bequem ist. Ja derjenige, der sich in höherem Sinne ausgebildet, kann immer voraussetzen, dass er die Majorität gegen sich habe.

*

Wäre die Natur in ihren leblosen Anfängen nicht so gründlich stereometrisch, wie wollte sie zuletzt zum unberechenbaren und unermesslichen Leben gelangen?

*

Der Mensch an sich selbst, insofern er sich seiner gesunden Sinne bedient, ist der größte und genaueste physikalische Apparat, den es geben kann; und das ist eben das größte Unheil der neuern Physik, dass man die Experimente gleichsam vom Menschen abgesondert hat und bloß in dem, was künstliche Instrumente zeigen, die Natur erkennen, ja, was sie leisten kann, dadurch beschränken und beweisen will.

Ebenso ist es mit dem Berechnen. Es ist vieles wahr, was sich nicht berechnen lässt, sowie sehr vieles, was sich nicht bis zum entschiedenen Experiment bringen lässt.

Dafür steht ja aber der Mensch so hoch, dass sich das sonst Undarstellbare in ihm darstellt. Was ist denn eine Saite und alle mechanische Teilung derselben gegen das Ohr des Musikers? Ja man kann sagen: Was sind die elementaren Erscheinungen der Natur selbst gegen den Menschen, der sie alle erst bändigen und modifizieren muss, um sie sich einigermaßen assimilieren zu können?

Es ist von einem Experiment zu viel gefordert, wenn es alles leisten soll. Konnte man doch die Elektrizität erst nur durch Reiben darstellen, deren höchste Erscheinung jetzt durch bloße Berührung hervorgebracht wird.

Wie man der französischen Sprache niemals den Vorzug streitig machen wird, als ausgebildete Hof- und Weltsprache, sich immer mehr aus- und fortbildend, zu wirken, so wird es niemand einfallen, das Verdienst der Mathematiker gering zu schätzen, welches sie, in ihrer Sprache die wichtigsten Angelegenheiten verhandelnd, sich um die Welt erwerben, indem sie alles, was der Zahl und dem Maß im höchsten Sinne unterworfen ist, zu regeln, zu bestimmen und zu entscheiden wissen.

Jeder Denkende, der seinen Kalender ansieht, nach seiner Uhr blickt, wird sich erinnern, wem er diese Wohltaten schuldig ist. Wenn man sie aber auch auf ehrfurchtsvolle Weise in Zeit und Raum gewähren lässt, so werden sie erkennen, dass wir etwas gewahr werden, was weit darüber hinausgeht, welches allen angehört und ohne welches sie selbst weder tun noch wirken könnten: *Idee* und *Liebe.*

»Wer weiß etwas von Elektrizität«, sagte ein heiterer Naturforscher, »als wenn er im Finstern eine Katze streichelt oder Blitz und Donner neben ihm niederleuchten und rasseln? Wie viel und wie wenig weiß er alsdann davon?«

*

Lichtenbergs Schriften können wir uns als der wunderbarsten Wünschelrute bedienen: wo er einen Spaß macht, liegt ein Problem verborgen.

In den großen leeren Weltraum zwischen Mars und Jupiter legte er auch einen heitren Einfall. Als Kant sorgfältig bewiesen hatte, dass die beiden genannten Planeten alles aufgezehrt und sich zugeeignet hätten, was nur in diesen Räumen zu finden gewesen von Materie, sagte jener scherzhaft nach seiner Art: »Warum sollte es nicht auch unsichtbare Welten geben?« Und hat er nicht vollkommen wahr gesprochen? Sind die neu entdeckten Planeten nicht der ganzen Welt unsichtbar, außer den wenigen Astronomen, denen wir auf Wort und Rechnung glauben müssen?

*

Einer neuen Wahrheit ist nichts schädlicher als ein alter Irrtum.

*

Die Menschen sind durch die unendlichen Bedingungen des Erscheinens dergestalt obruiert, dass sie das *eine* Urbedingende nicht gewahren können.

*

»Wenn Reisende ein sehr großes Ergötzen auf ihren Bergklettereien empfinden, so ist für mich etwas Barbarisches, ja Gottloses in dieser Leidenschaft. Berge geben uns wohl den Begriff von Naturgewalt, nicht aber von Wohltätigkeit der Vorsehung. Zu welchem Gebrauch sind sie wohl dem Menschen? Unternimmt er, dort zu wohnen, so wird im Winter eine Schneelawine, im Sommer ein Bergrutsch sein Haus begraben oder fortschieben; seine Herden schwemmt der Gießbach weg, seine Kornscheuern die Windstürme. Macht er sich auf den Weg, so ist jeder Aufstieg die Qual des Sisyphus, jeder Niederstieg der Sturz Vulkans; sein Pfad ist täglich von Steinen verschüttet, der Gießbach unwegsam für Schifffahrt. Finden auch seine Zwergherden notdürftige Nahrung, oder sammelt er sie ihnen kärglich: entweder die Elemente entreißen sie ihm oder wilde Bestien. Er führt ein einsam-kümmerlich Pflanzenleben wie das Moos auf einem Grabstein, ohne Bequemlichkeit und ohne Gesellschaft. Und diese Zickzackkämme, diese widerwärtigen Felsenwände, diese ungestalteten Granitpyramiden, welche die schönsten Weltbreiten mit den Schrecknissen des Nordpols bedecken, wie sollte sich ein wohlwollender Mann daran gefallen und ein Menschenfreund sie preisen?«

Auf diese heitere Paradoxie eines würdigen Mannes wäre zu sagen, dass, wenn es Gott und der Natur gefallen hätte, den Urgebirgsknoten von Nubien durchaus nach Westen bis an das große Meer zu entwickeln und fortzusetzen, ferner diese Gebirgsreihe einigemal von Norden nach Süden zu durchschneiden, sodann Täler entstanden sein würden, worin gar mancher Urvater Abraham ein Kanaan, mancher Albert Julius eine Felsenburg würde gefunden haben, wo denn seine Nachkommen, leicht mit den Sternen rivalisierend, sich hätten vermehren können.

*

Steine sind stumme Lehrer, sie machen den Beobachter stumm, und das Beste, was man von ihnen lernt, ist nicht mitzuteilen.

*

Was ich recht weiß, weiß ich nur mir selbst; ein ausgesprochenes Wort fördert selten, es erregt meistens Widerspruch, Stocken und Stillstehen.

*

Die Kristallographie, als Wissenschaft betrachtet, gibt zu ganz eigenen Ansichten Anlass. Sie ist nicht produktiv, sie ist nur sie selbst und hat keine Folgen, besonders nunmehr, da man so manche isomorphische Körper angetroffen hat, die sich ihrem Gehalte nach ganz verschieden erweisen. Da sie eigentlich nirgends anwendbar ist, so hat sie sich in dem hohen Grade in sich selbst ausgebildet. Sie gibt dem Geist eine gewisse beschränkte Befriedigung und ist in ihren Einzelnheiten so mannigfaltig, dass man sie unerschöpflich nennen kann; deswegen sie auch vorzügliche Menschen so entschieden und lange an sich festhält.

Etwas Mönchisch-Hagestolzenartiges hat die Kristallographie und ist daher sich selbst genug. Von praktischer Lebenseinwirkung ist sie nicht; denn die köstlichsten Erzeugnisse ihres Gebiets, die kristallinischen Edelsteine, müssen erst zugeschliffen werden, ehe wir unsere Frauen damit schmücken können.

Ganz das Entgegengesetzte ist von der Chemie zu sagen, welche von der ausgebreitetsten Anwendung und von dem grenzenlosesten Einfluss aufs Leben sich erweist.

*

Der Begriff vom Entstehen ist uns ganz und gar versagt; daher wir, wenn wir etwas werden sehen, denken, dass es schon dagewesen sei. Deshalb das System der Einschachtelung uns begreiflich vorkommt.

*

Wie manches Bedeutende sieht man aus Teilen zusammensetzen: man betrachte die Werke der Baukunst; man sieht manches sich regel- und unregelmäßig anhäufen. Daher ist uns der atomistische Begriff nah und bequem zur Hand; deshalb wir uns nicht scheuen, ihn auch in organischen Fällen anzuwenden.

*

Wer den Unterschied des Phantastischen und Ideellen, des Gesetzlichen und Hypothetischen nicht zu fassen weiß, der ist als Naturforscher in einer üblen Lage.

*

Es gibt Hypothesen, wo Verstand und Einbildungskraft sich an die Stelle der Idee setzen.

*

Man tut nicht wohl, sich allzu lange im Abstrakten aufzuhalten. Das Esoterische schadet nur, indem es exoterisch zu werden trachtet. Leben wird am besten durchs Lebendige belehrt.

*

Für die vorzüglichste Frau wird diejenige gehalten, welche ihren Kindern den Vater, wenn er abgeht, zu ersetzen imstande wäre.

*

Der unschätzbare Vorteil, welchen die Ausländer gewinnen, indem sie unsere Literatur erst jetzt gründlich studieren, ist der, dass sie über die Entwickelungskrankheiten, durch die wir nun schon beinahe während dem Laufe des Jahrhunderts durchgehen mussten, auf einmal weggehoben werden und, wenn das Glück gut ist, ganz eigentlich daran sich auf das Wünschenswerteste ausbilden.

*

Wo die Franzosen des achtzehnten Jahrhunderts zerstörend sind, ist Wieland neckend.

*

Das poetische Talent ist dem Bauer so gut gegeben wie dem Ritter; es kommt nur darauf an, dass jeder seinen Zustand ergreife und ihn nach Würden behandle.

*

Was sind Tragödien anders als versifizierte Passionen solcher Leute, die sich aus den äußern Dingen ich weiß nicht was machen?

*

Das Wort Schule, wie man es in der Geschichte der bildenden Kunst nimmt, wo man von einer florentinischen, römischen und venezianischen Schule spricht, wird sich künftighin nicht mehr auf das deutsche Theater anwenden lassen. Es ist ein Ausdruck, dessen man sich vor dreißig, vierzig Jahren vielleicht noch bedienen konnte, wo unter beschränkteren Umständen sich eine natur- und kunstgemäße Ausbildung noch denken ließ; denn, genau besehen, gilt auch in der bildenden Kunst das Wort Schule nur von den Anfängen: denn sobald sie treffliche Männer hervorgebracht hat, wirkt sie alsobald in die Weite. Florenz beweist seinen Einfluss über Frankreich und Spanien; Niederländer und Deutsche lernen von den Italienern und erwerben sich mehr Freiheit in Geist und Sinn, anstatt dass die Südländer von ihnen eine glücklichere Technik und die genauste Ausführung von Norden her gewinnen.

*

Das deutsche Theater befindet sich in der Schlussepoche, wo eine allgemeine Bildung dergestalt verbreitet ist, dass sie keinem einzelnen Orte mehr angehören, von keinem besondern Punkte mehr ausgehen kann.

*

Der Grund aller theatralischen Kunst wie einer jeden andern ist das Wahre, das Naturgemäße. Je bedeutender dieses ist, auf je höherem Punkte Dichter und Schauspieler es zu fassen verstehen, eines desto höheren Ranges wird sich die Bühne zu rühmen haben. Hierbei gereicht es Deutschland zu einem großen Gewinn, dass der Vortrag trefflicher Dichtung allgemeiner geworden ist und auch außerhalb des Theaters sich verbreitet hat.

*

Auf der Rezitation ruht alle Deklamation und Mimik. Da nun beim Vorlesen jene ganz allein zu beachten und zu üben ist, so bleibt offenbar, dass Vorlesungen die Schule des Wahren und

Natürlichen bleiben müssen, wenn Männer, die ein solches Geschäft übernehmen, von dem Wert, von der Würde ihres Berufs durchdrungen sind.

Shakespeare und Calderón haben solchen Vorlesungen einen glänzenden Eingang gewährt; jedoch bedenke man immer dabei, ob nicht hier grade das imposante Fremde, das bis zum Unwahren gesteigerte Talent der deutschen Ausbildung schädlich werden müsse!

*

Eigentümlichkeit des Ausdrucks ist Anfang und Ende aller Kunst. Nun hat aber eine jede Nation eine von dem allgemeinen Eigentümlichen der Menschheit abweichende besondere Eigenheit, die uns zwar anfänglich widerstreben mag, aber zuletzt, wenn wir's uns gefallen ließen, wenn wir uns derselben hingäben, unsere eigene charakteristische Natur zu überwältigen und zu erdrücken vermöchte.

Wie viel Falsches Shakespeare und besonders Calderón über uns gebracht, wie diese zwei großen Lichter des poetischen Himmels für uns zu Irrlichtern geworden, mögen die Literatoren der Folgezeit historisch bemerken.

Eine völlige Gleichstellung mit dem spanischen Theater kann ich nirgends billigen. Der herrliche Calderón hat so viel Konventionelles, dass einem redlichen Beobachter schwer wird, das große Talent des Dichters durch die Theateretikette durchzuerkennen. Und bringt man so etwas irgendeinem Publikum, so setzt man bei demselben immer guten Willen voraus, dass es geneigt sei, auch das Weltfremde zuzugeben, sich an ausländischem Sinn, Ton und Rhythmus zu ergötzen und aus dem, was ihm eigentlich gemäß ist, eine Zeitlang herauszugehen.

*

Yorick-Sterne war der schönste Geist, der je gewirkt hat; wer ihn liest, fühlt sich sogleich frei und schön; sein Humor ist unnachahmlich, und nicht jeder Humor befreit die Seele.

»Mäßigkeit und klarer Himmel sind Apollo und die Musen.«

»Das Gesicht ist der edelste Sinn. Die andern vier belehren uns nur durch die Organe des Takts: wir hören, wir fühlen, riechen und betasten alles durch Berührung; das Gesicht aber steht unendlich höher, verfeint sich über die Materie und nähert sich den Fähigkeiten des Geistes.«

»Setzten wir uns an die Stelle anderer Personen, so würden Eifersucht und Hass wegfallen, die wir so oft gegen sie empfinden; und setzten wir andere an unsere Stelle, so würde Stolz und Einbildung gar sehr abnehmen.«

»Nachdenken und Handlen verglich einer mit Rahel und Lea: die eine war anmutiger, die andere fruchtbarer.«

»Nichts im Leben, außer Gesundheit und Tugend, ist schätzenswerter als Kenntnis und Wissen; auch ist nichts so leicht zu erreichen und so wohlfeil zu erhandeln: die ganze Arbeit ist Ruhigsein und die Ausgabe Zeit, die wir nicht retten, ohne sie auszugeben.«

»Könnte man Zeit wie bares Geld beiseitelegen, ohne sie zu benutzen, so wäre dies eine Art von Entschuldigung für den Müßiggang der halben Welt, aber keine völlige; denn es wäre ein Haushalt, wo man von dem Hauptstamm lebte, ohne sich um die Interessen zu bemühen.«

»Neuere Poeten tun viel Wasser in die Tinte.«

»Unter mancherlei wunderlichen Albernheiten der Schulen kommt mir keine so vollkommen lächerlich vor als der Streit über die Echtheit alter Schriften, alter Werke. Ist es denn der Autor oder die Schrift, die wir bewundern oder tadeln? Es ist immer nur der Autor, den wir vor uns haben; was kümmern uns die Namen, wenn wir ein Geisteswerk auslegen?«

»Wer will behaupten, dass wir Virgil oder Homer vor uns haben, indem wir die Worte lesen, die ihm zugeschrieben werden? Aber die Schreiber haben wir vor uns, und was haben wir weiter nötig? Und ich denke fürwahr, die Gelehrten, die in dieser unwesentlichen Sache so genau zu Werke gehen, scheinen mir nicht weiser als ein sehr schönes Frauenzimmer, das mich einmal mit möglichst süßem Lächeln befragte, wer denn der Autor von Shakespeares Schauspielen gewesen sei.«

*

»Es ist besser, das geringste Ding von der Welt zu tun, als eine halbe Stunde für gering halten.«

*

»Mut und Bescheidenheit sind die unzweideutigsten Tugenden; denn sie sind von der Art, dass Heuchelei sie nicht nachahmen kann. Auch haben sie die Eigenschaft gemein, sich beide durch dieselbe Farbe auszudrücken.«

*

»Unter allem Diebsgesindel sind die Narren die schlimmsten: sie rauben euch beides, Zeit und Stimmung.«

*

»Uns selbst zu achten leitet unsre Sittlichkeit; andere zu schätzen regiert unser Betragen.«

*

»Kunst und Wissenschaft sind Worte, die man so oft braucht und deren genauer Unterschied selten verstanden wird; man gebraucht oft eins für das andere.«

»Auch gefallen mir die Definitionen nicht, die man davon gibt. Verglichen fand ich irgendwo Wissenschaft mit Witz, Kunst mit Humor. Hierin find ich mehr Einbildungskraft als Philosophie: es gibt uns wohl einen Begriff von dem Unterschied beider, aber keinen von dem Eigentümlichen einer jeden.«

»Ich denke, Wissenschaft könnte man die Kenntnis des Allgemeinen nennen, das abgezogene Wissen; Kunst dagegen wäre Wissenschaft, zur Tat verwendet. Wissenschaft wäre Vernunft und Kunst ihr Mechanismus; deshalb man sie auch praktische Wissenschaft nennen könnte. Und so wäre denn endlich Wissenschaft das Theorem, Kunst das Problem.«

»Vielleicht wird man mir einwenden: Man hält die Poesie für Kunst, und doch ist sie nicht mechanisch. Aber ich leugne, dass sie eine Kunst sei; auch ist sie keine Wissenschaft. Künste und Wissenschaften erreicht man durch Denken, Poesie nicht; denn diese ist Eingebung: sie war in der Seele empfangen, als sie sich zuerst regte. Man sollte sie weder Kunst noch Wissenschaft nennen, sondern Genius.«

*

Auch jetzt im Augenblick sollte jeder Gebildete Sternes Werke wieder zur Hand nehmen, damit auch das neunzehnte Jahrhundert erführe, was wir ihm schuldig sind, und einsähe, was wir ihm schuldig werden können.

*

In dem Erfolg der Literaturen wird das frühere Wirksame verdunkelt, und das daraus entsprungene Gewirkte nimmt überhand; deswegen man wohltut, von Zeit zu Zeit wieder zurückzublicken. Was an uns *original* ist, wird am besten erhalten und belobt, wenn wir unsre Altvordern nicht aus den Augen verlieren.

*

Möge das Studium der griechischen und römischen Literatur immerfort die Basis der höheren Bildung bleiben!

*

Chinesische, indische, ägyptische Altertümer sind immer nur Kuriositäten; es ist sehr wohlgetan, sich und die Welt damit bekannt zu machen; zu sittlicher und ästhetischer Bildung aber werden sie uns wenig fruchten.

*

Der Deutsche läuft keine größere Gefahr, als sich mit und an seinen Nachbarn zu steigern. Es ist vielleicht keine Nation geeigneter, sich aus sich selbst zu entwickeln; deswegen es ihr zum größten Vorteil gereichte, dass die Außenwelt von ihr so spät Notiz nahm.

*

Sehen wir unsre Literatur über ein halbes Jahrhundert zurück, so finden wir, dass nichts um der Fremden willen geschehen ist.

*

Dass Friedrich der Große aber gar nichts von ihnen wissen wollte, das verdross die Deutschen doch, und sie taten das Möglichste, als *etwas* vor ihm zu erscheinen.

*

Jetzt, da sich eine Weltliteratur einleitet, hat, genau besehen, der Deutsche am meisten zu verlieren; er wird wohltun, dieser Warnung nachzudenken.

*

Auch einsichtige Menschen bemerken nicht, dass sie dasjenige erklären wollen, was Grunderfahrungen sind, bei denen man sich beruhigen müsste.

Doch mag dies auch vorteilhaft sein, sonst unterließe man das Forschen allzu früh.

*

Wer sich von nun an nicht auf eine Kunst oder Handwerk legt, der wird übel dran sein. Das Wissen fördert nicht mehr bei dem schnellen Umtriebe der Welt; bis man von allem Notiz genommen hat, verliert man sich selbst.

*

Eine allgemeine Ausbildung dringt uns jetzt die Welt ohnehin auf, wir brauchen uns deshalb darum nicht weiter zu bemühen; das Besondere müssen wir uns zueignen.

*

Die größten Schwierigkeiten liegen da, wo wir sie nicht suchen.

*

Lorenz Sterne war geboren 1713, starb 1768. Um ihn zu begreifen, darf man die sittliche und kirchliche Bildung seiner Zeit nicht unbeachtet lassen; dabei hat man wohl zu bedenken, dass er Lebensgenosse Warburtons gewesen.

Eine freie Seele wie die seine kommt in Gefahr, frech zu werden, wenn nicht ein edles Wohlwollen das sittliche Gleichgewicht herstellt.

Bei leichter Berührbarkeit entwickelte sich alles von innen bei ihm heraus; durch beständigen Konflikt unterschied er das Wahre vom Falschen, hielt am ersten fest und verhielt sich gegen das andere rücksichtlos.

Er fühlte einen entschiedenen Hass gegen Ernst, weil er didaktisch und dogmatisch ist und gar leicht pedantisch wird, wogegen er den entschiedensten Abscheu hegte. Daher seine Abneigung gegen Terminologie.

Bei den vielfachsten Studien und Lektüre entdeckte er überall das Unzulängliche und Lächerliche.

Shandeism nennt er die Unmöglichkeit, über einen ernsten Gegenstand zwei Minuten zu denken.

Dieser schnelle Wechsel von Ernst und Scherz, von Anteil und Gleichgültigkeit, von Leid und Freude soll in dem irländischen Charakter liegen.

Sagazität und Penetration sind bei ihm grenzenlos.

Seine Heiterkeit, Genügsamkeit, Duldsamkeit auf der Reise, wo diese Eigenschaften am meisten geprüft werden, finden nicht leicht Ihresgleichen.

Sosehr uns der Anblick einer freien Seele dieser Art ergötzt, ebenso sehr werden wir gerade in diesem Fall erinnert, dass wir von allem dem, wenigstens von dem meisten, was uns entzückt, nichts in uns aufnehmen dürfen.

Das Element der Lüsternheit, in dem er sich so zierlich und sinnig benimmt, würde vielen andern zum Verderben gereichen.

Das Verhältnis zu seiner Frau wie zur Welt ist betrachtenswert. »Ich habe mein Elend nicht wie ein weiser Mann benutzt«, sagt er irgendwo.

Er scherzt gar anmutig über die Widersprüche, die seinen Zustand zweideutig machen.

»Ich kann das Predigen nicht vertragen; ich glaube, ich habe in meiner Jugend mich daran übergessen.«

Er ist in nichts ein Muster und in allem ein Andeuter und Erwecker.

»Unser Anteil an öffentlichen Angelegenheiten ist meist nur Philisterei.«

»Nichts ist höher zu schätzen als der Wert des Tages.«

›Pereant, qui ante nos nostra dixerunt!‹

»So wunderlich könnte nur derjenige sprechen, der sich einbildete, ein Autochthon zu sein. Wer sich's zur Ehre hält, von vernünftigen Vorfahren abzustammen, wird ihnen doch wenigstens ebenso viel Menschensinn zugestehen als sich selbst.«

»Die originalsten Autoren der neusten Zeit sind es nicht deswegen, weil sie etwas Neues hervorbringen, sondern allein, weil sie fähig sind, dergleichen Dinge zu sagen, als wenn sie vorher niemals wären gesagt gewesen.«

»Daher ist das schönste Zeichen der Originalität, wenn man einen empfangenen Gedanken dergestalt fruchtbar zu entwicklen weiß, dass niemand leicht, wie viel in ihm verborgen liege, gefunden hätte.«

»Viele Gedanken heben sich erst aus der allgemeinen Kultur hervor wie die Blüten aus den grünen Zweigen. Zur Rosenzeit sieht man Rosen überall blühen.«

»Eigentlich kommt alles auf die Gesinnungen an; wo diese sind, treten auch die Gedanken hervor, und nachdem sie sind, sind auch die Gedanken.«

»Nichts wird leicht ganz unparteiisch wieder dargestellt. Man könnte sagen, hiervon mache der Spiegel eine Ausnahme, und doch sehen wir unser Angesicht niemals ganz richtig darin; ja der Spiegel kehrt unsre Gestalt um und macht unsre linke Hand zur rechten. Dies mag ein Bild sein für alle Betrachtungen über uns selbst.«

»Im Frühling und Herbst denkt man nicht leicht ans Kaminfeuer, und doch geschieht es, dass, wenn wir zufällig an einem vorbeigehen, wir das Gefühl, das es mitteilt, so angenehm finden, dass wir ihm wohl nachhängen mögen. Dies möchte mit jeder Versuchung analog sein.«

»Sei nicht ungeduldig, wenn man deine Argumente nicht gelten lässt.«

»Wer lange in bedeutenden Verhältnissen lebt, dem begegnet freilich nicht alles, was dem Menschen begegnen kann, aber doch das Analoge und vielleicht einiges, was ohne Beispiel war.«

Aus dem Nachlass

Über Literatur und Leben

Jede große Idee, die als ein Evangelium in die Welt tritt, wird dem stockenden pedantischen Volke ein Ärgernis und einem Viel-, aber Leichtgebildeten eine Torheit.

*

Eine jede Idee tritt als ein fremder Gast in die Erscheinung, und wie sie sich zu realisieren beginnt, ist sie kaum von Phantasie und Phantasterei zu unterscheiden.

Dies ist es, was man Ideologie im guten und bösen Sinne genannt hat und warum der Ideolog den lebhaft wirkenden praktischen Tagesmenschen so sehr zuwider war.

*

Alle unmittelbare Aufforderung zum Ideellen ist bedenklich, besonders an die Weiblein. Wie es auch sei, umgibt sich der einzelne bedeutende Mann mit einem mehr oder weniger religios-moralisch-ästhetischen Serail.

*

Alle Empiriker streben nach der Idee und können sie in der Mannigfaltigkeit nicht entdecken; alle Theoretiker suchen sie im Mannigfaltigen und können sie darinne nicht auffinden.

Beide jedoch finden sich im Leben, in der Tat, in der Kunst zusammen, und das ist so oft gesagt; wenige aber verstehen, es zu nutzen.

Man kann die Nützlichkeit einer Idee anerkennen und doch nicht recht verstehen, sie vollkommen zu nutzen.

*

Jedem Alter des Menschen antwortet eine gewisse Philosophie. Das Kind erscheint als Realist; denn es findet sich so überzeugt von dem Dasein der Birnen und Äpfel als von dem seinigen. Der Jüngling, von innern Leidenschaften bestürmt, muss auf sich selbst merken, sich vorfühlen: er wird zum Idealisten umgewandelt. Dagegen ein Skeptiker zu werden, hat der Mann alle Ursache; er tut wohl, zu zweifeln, ob das Mittel, das er zum Zwecke gewählt hat, auch das rechte sei. Vor dem Handeln, im Handeln hat er alle Ursache, den Verstand beweglich zu erhalten, damit er nicht nachher sich über eine falsche Wahl zu betrüben habe. Der Greis jedoch wird sich immer zum Mystizismus bekennen. Er sieht, dass so Vieles vom Zufall abzuhängen scheint: das Unvernünftige gelingt, das Vernünftige schlägt fehl, Glück und Unglück stellen sich unerwartet ins Gleiche; so ist es, so war es, und das hohe Alter beruhigt sich in dem, der da ist, der da war und der da sein wird.

*

Wir sind naturforschend Pantheisten, dichtend Polytheisten, sittlich Monotheisten.

*

Den teleologischen Beweis vom Dasein Gottes hat die kritische Vernunft beseitigt; wir lassen es uns gefallen. Was aber nicht als Beweis gilt, soll uns als Gefühl gelten, und wir rufen daher von der Brontotheologie bis zur Niphotheologie alle dergleichen fromme Bemühungen wieder heran. Sollten wir im Blitz, Donner und Sturm nicht die Nähe einer übergewaltigen Macht, in Blütenduft und lauem Luftsäuseln nicht ein liebevoll sich annäherndes Wesen empfinden dürfen?

*

»Ich glaube einen Gott!« Dies ist ein schönes, löbliches Wort; aber Gott anerkennen, wo und wie er sich offenbare, das ist eigentlich die Seligkeit auf Erden.

*

Wer die Natur als göttliches Organ leugnen will, der leugne nur gleich alle Offenbarung.

*

»Die Natur verbirgt Gott!« Aber nicht jedem!

*

Kepler sagte: »Mein höchster Wunsch ist, den Gott, den ich im Äußern überall finde, auch innerlich, innerhalb meiner gleichermaßen gewahr zu werden.« Der edle Mann fühlte, sich nicht bewusst, dass eben in dem Augenblicke das Göttliche in ihm mit dem Göttlichen des Universums in genauster Verbindung stand.

*

Gott, wenn wir hoch stehen, ist alles; stehen wir niedrig, so ist er ein Supplement unsrer Armseligkeit.

*

Die Kreatur ist sehr schwach; denn sucht sie etwas, findet sie's nicht. Stark aber ist Gott; denn sucht er die Kreatur, so hat er sie gleich in seiner Hand.

*

Glaube ist Liebe zum Unsichtbaren, Vertrauen aufs Unmögliche, Unwahrscheinliche.

*

Mythologie = Luxe de croyance.

*

Was ist Praedestinatio?
Antwort: Gott ist mächtiger und weiser als wir; drum macht er es mit uns nach seinem Gefallen.

*

Das Christentum steht mit dem Judentum in einem weit stärkern Gegensatz als mit dem Heidentum.

*

Die christliche Religion ist eine intentionierte politische Revolution, die, verfehlt, nachher moralisch geworden ist.

*

Es gibt Theologen, die wollten, dass es nur einen einzigen Menschen in der Welt gegeben hätte, den Gott erlöst hätte; denn da hätte es keine Ketzer geben können.

*

»Die Kirche schwächt alles, was sie anrührt.«

*

Apokrypha: Wichtig wäre es, das hierüber historisch schon Bekannte nochmals zusammenzufassen und zu zeigen, dass gerade jene apokryphischen Schriften, mit denen die Gemeinden schon die ersten Jahrhunderte unserer Ära überschwemmt wurden und woran unser Kanon jetzt noch leidet, die eigentliche Ursache sind, warum das Christentum in keinem Momente der politischen und Kirchengeschichte in seiner ganzen Schönheit und Reinheit hervortreten konnte.

*

Die Ohrenbeichte im besten Sinne ist eine fortgesetzte Katechisation der Erwachsenen.

*

In Neuyork, sagt man, finden sich neunzig christliche Kirchen abweichender Konfession, und nun wird diese Stadt besonders seit Eröffnung des Eriekanals überschwänglich reich. Wahrscheinlich ist man der Überzeugung, dass religiöse Gedanken und Gefühle, von welcher besondern Art sie auch seien, dem beruhigenden Sonntag angehören, angestrengte Tätigkeit, von frommen Gesinnungen begleitet, den Werkeltagen.

*

Wenn ein gutes Wort eine gute Statt findet, so findet ein frommes Wort gewiss noch eine bessere.

*

Alles kommt bei der Mission darauf an, dass der rohe, sinnliche Mensch gewahr wird, dass es eine Sitte gebe; dass der leidenschaftliche, ungebändigte merkt, dass er Fehler begangen hat, die er sich selbst nicht verzeihen kann. Die erste führt zur Annahme zarter Maximen, das Letzte auf Glauben einer Versöhnung. Alles Mittlere von zufällig scheinenden Übeln wird einer weisen, unerforschlichen Führung anheimgegeben.

*

Wo Lampen brennen, gibt's Ölflecken, wo Kerzen brennen, gibt's Schnuppen; die Himmelslichter allein erleuchten rein und ohne Makel.

*

Vollkommenheit ist die Norm des Himmels, Vollkommenes wollen die Norm des Menschen.

*

Pflicht: wo man liebt, was man sich selbst befiehlt.

*

Der rechtliche Mensch denkt immer, er sei vornehmer und mächtiger, als er ist.

*

Alle Gesetze sind Versuche, sich den Absichten der moralischen Weltordnung im Welt- und Lebenslaufe zu nähern.

*

Es ist besser, es geschehe dir Unrecht, als die Welt sei ohne Gesetz. Deshalb füge sich jeder dem Gesetze.

*

Es ist besser, dass Ungerechtigkeiten geschehen, als dass sie auf eine ungerechte Weise gehoben werden.

*

Nero hätte in den vier Jahren, die das Interregnum dauerte – so nenne ich die Regierungen des Galba, Otho, Vitellius –, nicht so viel Unheil stiften können, als nach seiner Ermordung über die Welt gekommen.

*

Wäre es Gott darum zu tun gewesen, dass die Menschen in der Wahrheit leben und handeln sollten, so hätte er seine Einrichtung anders machen müssen.

*

Man könnte zum Scherze sagen, der Mensch sei ganz aus Fehlern zusammengesetzt, wovon einige der Gesellschaft nützlich, andre schädlich, einige brauchbar, einige unbrauchbar gefunden werden. Von jenen spricht man Gutes: nennt sie Tugenden; von diesen Böses: nennt sie Fehler.

*

Nicht allein das Angeborene, sondern auch das Erworbene ist der Mensch.

*

Unsre Eigenschaften müssen wir kultivieren, nicht unsre Eigenheiten.

*

Charakter im Großen und Kleinen ist, dass der Mensch demjenigen eine stete Folge gibt, dessen er sich fähig fühlt.

*

Man sieht gleich, wo die zwei notwendigsten Eigenschaften fehlen: Geist und Gewalt.

*

Unsre Meinungen sind nur Supplemente unsrer Existenz. Wie einer denkt, daran kann man sehen, was ihm fehlt. Die leersten Menschen halten sehr viel auf sich, treffliche sind misstrauisch, der Lasterhafte ist frech, und der Gute ist ängstlich. So setzt sich alles ins Gleichgewicht; jeder will ganz sein oder es vor sich scheinen.

*

Historisch betrachtet erscheint unser Gutes in mäßigem Lichte und unsere Mängel entschuldigen sich.

*

Der liebt nicht, der die Fehler des Geliebten nicht für Tugenden hält.

*

Man kann niemand lieben, als dessen Gegenwart man sicher ist, wenn man sein bedarf.

*

Man kennt nur diejenigen, von denen man leidet.

*

Man beobachtet niemand als die Personen, von denen man leidet. Um unerkannt in der Welt umherzugehen, müsste man nur niemand wehe tun.

*

Mit jemand leben oder *in* jemand leben ist ein großer Unterschied. Es gibt Menschen, in denen man leben kann, ohne mit ihnen zu leben, und umgekehrt. Beides zu verbinden ist nur der reinsten Liebe und Freundschaft möglich.

*

Es ist besser, man betrügt sich an seinen Freunden, als dass man seine Freunde betrüge.

*

Wenn ein paar Menschen recht miteinander zufrieden sind, kann man meistens versichert sein, dass sie sich irren.

*

Der Wolf im Schafpelze ist weniger gefährlich als das Schaf in irgendeinem Pelze, wo man es für mehr als einen Schöps nimmt.

*

Sage nicht, dass du geben willst, sondern gib! Die Hoffnung befriedigst du nie.

*

Man würde viel Almosen geben, wenn man Augen hätte zu sehen, was eine empfangende Hand für ein schönes Bild macht.

*

Zum Tun gehört Talent, zum Wohltun Vermögen.

*

Eine gefallene Schreibfeder muss man gleich aufheben, sonst wird sie zertreten.

*

Es ist keine Kunst, eine Göttin zur Hexe, eine Jungfrau zur Hure zu machen; aber zur umgekehrten Operation, Würde zu geben dem Verschmähten, wünschenswert zu machen das Verworfene, dazu gehört entweder Kunst oder Charakter.

*

Es gibt keine Lage, die man nicht veredlen könnte durch leisten oder dulden.

*

Dem Verzweiflenden verzeiht man alles, dem Verarmten gibt man jeden Erwerb zu.

*

Glaube, Liebe, Hoffnung fühlten einst in ruhiger, geselliger Stunde einen plastischen Trieb in ihrer Natur; sie befleißigten sich zusammen und schufen ein liebliches Gebilde, eine Pandora im höheren Sinne: die Geduld.

*

Lüsternheit: Spiel mit dem zu Genießenden, Spiel mit dem Genossenen.

*

Eitelkeit ist eine persönliche Ruhmsucht: man will nicht wegen seiner Eigenschaften, seiner Verdienste, Taten geschätzt, geehrt, gesucht werden, sondern um seines individuellen Daseins willen. Am besten kleidet die Eitelkeit deshalb eine frivole Schöne.

*

Dummheit, seinen Feind vor dem Tode, und Niederträchtigkeit, nach dem Siege zu verkleinern.

*

Die schwer zu lösende Aufgabe strebender Menschen ist, die Verdienste älterer Mitlebenden anzuerkennen und sich von ihren Mängeln nicht hindern zu lassen.

*

Das radikale Übel: dass jeder gern sein möchte, was er sein könnte, und die Übrigen nichts, ja nicht wären.

*

Ein Mensch zeigt nicht eher seinen Charakter, als wenn er von einem großen Menschen oder irgend von etwas Außerordentlichem spricht. Es ist der rechte Probierstein aufs Kupfer.

*

Nur solchen Menschen, die nichts hervorzubringen wissen, denen ist nichts da.

*

Warum man doch ewige Missreden hört? Sie glauben sich alle etwas zu vergeben, wenn sie das kleinste Verdienst anerkennen.

*

Vom Verdienste fordert man Bescheidenheit; aber diejenigen, die unbescheiden das Verdienst schmälern, werden mit Behagen angehört.

*

Dem Menschen ist verhasst, was er nicht glaubt selbst getan zu haben; deswegen der Parteigeist so eifrig ist. Jeder Alberne glaubt ins Beste einzugreifen, und alle Welt, die nichts ist, wird zu was.

*

Egoistische Kleinstädterei, die sich Zentrum deucht.

*

Es ist niemand fähig zu denken, dass jemand etwas konstruieren und protegieren möchte, als um Partei zu machen.

*

Im Laufe des frischen Lebens erduldet man viel, es sei nun vom Veralteten oder Überneuen.

*

Wie haben sich die Deutschen nicht gebärdet, um dasjenige abzuwehren, was ich allenfalls getan und geleistet habe, und tun sie's nicht noch? Hätten sie alles gelten lassen und wären weitergegangen, hätten sie mit meinem Erwerb gewuchert, so wären sie weiter, wie sie sind.

*

Dass die Naturforscher nicht durchaus mit mir einig werden, ist bei der Stellung so verschiedener Denkweisen ganz natürlich; die meinige werde ich gleichfalls künftig zu behaupten suchen. Aber auch im ästhetischen und moralischen Felde wird es Mode, gegen mich zu streiten und zu wirken. Ich weiß recht gut woher und wohin, warum und wozu, erkläre mich aber weiter nicht darüber. Die Freunde, mit denen ich gelebt, für die ich gelebt, werden sich und mein Andenken aufrecht zu erhalten wissen.

*

Das Urteil können sie verwehren, aber die Wirkung nicht hindern.

*

Toleranz sollte eigentlich nur eine vorübergehende Gesinnung sein: sie muss zur Anerkennung führen. Dulden heißt beleidigen.

*

Die wahre Liberalität ist Anerkennung.

*

Mit wahrhaft Gleichgesinnten kann man sich auf die Länge nicht entzweien, man findet sich immer wieder einmal zusammen; mit eigentlich Widergesinnten versucht man umsonst, Einigkeit zu halten, es bricht immer wieder einmal auseinander.

*

Ich bin mit allen Menschen einig, die mich zunächst angehen, und von den übrigen lass ich mir nichts mehr gefallen, und da ist die Sache aus.

*

Ich höre das ganze Jahr jedermann anders reden, als ich's meine; warum sollt ich denn auch nicht einmal sagen, wie ich gesinnt bin?

*

Eine nachgesprochene Wahrheit verliert schon ihre Grazie, aber ein nachgesprochener Irrtum ist ganz ekelhaft.

*

Das Absurde, Falsche lässt sich jedermann gefallen: denn es schleicht sich ein; das Wahre, Derbe nicht: denn es schließt aus.

*

Es gibt Menschen, die auf die Mängel ihrer Freunde sinnen; dabei ist nichts zu gewinnen. Ich habe immer auf die Verdienste meiner Widersacher achtgehabt und davon Vorteil gezogen.

*

Vernünftiges und Unvernünftiges haben gleichen Widerspruch zu erleiden.

*

Es ist ganz einerlei, ob man das Wahre oder das Falsche sagt: beidem wird widersprochen.

*

Gegner glauben uns zu widerlegen, wenn sie ihre Meinung wiederholen und auf die unsrige nicht achten.

*

Diejenigen, welche widersprechen und streiten, sollten mitunter bedenken, dass nicht jede Sprache jedem verständlich sei.

*

Es hört doch jeder nur, was er versteht.

*

Eine richtige Antwort ist wie ein lieblicher Kuss.

*

Es gibt viele Menschen, die sich einbilden, was sie erfahren, das verstünden sie auch.

*

Wer kann sagen, er erfahre was, wenn er nicht ein *Erfahrender* ist?

*

Über die wichtigsten Angelegenheiten des Gefühls wie der Vernunft, der Erfahrung wie des Nachdenkens soll man nur mündlich verhandeln. Das ausgesprochene Wort ist sogleich tot, wenn es nicht durch ein folgendes, dem Hörer gemäßes am Leben erhalten wird. Man merke nur auf ein geselliges Gespräch! Gelangt das Wort nicht schon tot zu dem Hörer, so ermordet er es also gleich durch Widerspruch, Bestimmen, Bedingen, Ablenken, Abspringen, und wie die tausendfältigen Unarten des Unterhaltens auch heißen mögen. Mit dem Geschriebenen ist es noch schlimmer. Niemand mag lesen als das, woran er schon einigermaßen gewöhnt ist; das Bekannte, das Gewohnte verlangt er unter veränderter Form. Doch hat das Geschriebene den Vorteil, dass es dauert und die Zeit abwarten kann, wo ihm zu wirken gegönnt ist.

*

Was man mündlich ausspricht, muss der Gegenwart, dem Augenblick gewidmet sein; was man schreibt, widme man der Ferne, der Folge.

*

Man frage nicht, ob man durchaus übereinstimmt, sondern ob man in *einem* Sinne verfährt.

*

Nichts Peinlichers habe gefunden, als mit jemand in widerwärtigem Verhältnis zu stehen, mit dem ich übrigens aus *einem* Sinne gern gehandelt hätte.

*

Beim Zerstören gelten alle falschen Argumente, beim Aufbauen keineswegs. Was nicht wahr ist, baut nicht.

*

Die gegenwärtige Welt ist nicht wert, dass wir etwas für sie tun; denn die bestehende kann in dem Augenblick abscheiden. Für die vergangne und künftige müssen wir arbeiten: für jene, dass wir ihr Verdienst anerkennen, für diese, dass wir ihren Wert zu erhöhen suchen.

*

Wie viele Jahre muss man nicht *tun*, um nur einigermaßen zu wissen, was und wie es zu tun sei!

*

Es ist nichts furchtbarer anzuschauen als grenzenlose Tätigkeit ohne Fundament. Glücklich diejenigen, die im Praktischen gegründet sind und sich zu gründen wissen! Hierzu bedarf's aber einer ganz eigenen Doppelgabe.

*

Es ist nichts inkonsequenter als die höchste Konsequenz, weil sie unnatürliche Phänomene hervorbringt, die zuletzt umschlagen.

*

Wer das erste Knopfloch verfehlt, kommt mit dem Zuknöpfen nicht zu Rande.

*

Man geht nie weiter, als wenn man nicht mehr weiß, wohin man geht.

*

Wer sein Leben mit einem Geschäft zubringt, dessen Undankbarkeit er zuletzt einsieht, der hasst es und kann es doch nicht loswerden.

*

Frage sich doch jeder, mit welchem Organ er allenfalls in seine Zeit einwirken kann und wi[r]d!

*

Ein schäbiges Kamel trägt immer noch die Lasten vieler Esel.

*

Derjenige, der's allen andern zuvortun will, betrügt sich meist selbst; er tut nur alles, was er kann, und bildet sich dann gefällig vor, das sei so viel und mehr als das, was alle können.

*

Versuche, die eigne Autorität zu fundieren: sie ist überall begründet, wo Meisterschaft ist.

*

Denke nur niemand, dass man auf ihn als den Heiland gewartet habe!

*

Wer tätig sein will und muss, hat nur das Gehörige des Augenblicks zu bedenken, und so kommt er ohne Weitläufigkeit durch. Das ist der Vorteil der Frauen, wenn sie ihn verstehen.

*

Der Augenblick ist eine Art von Publikum: man muss ihn betrügen, dass er glaube, man tue was; dann lässt er uns gewähren und im Geheimen fortführen, worüber seine Enkel erstaunen müssen.

*

Der Tag an und für sich ist gar zu miserabel; wenn man nicht ein Lustrum anpackt, so gibt's keine Garbe.

*

Diese Karte entnahm ich dem Buch:

____

- ☐ Bitte schicken Sie mir das Gesamtverzeichnis marixverlag.
- ☐ Bitte informieren Sie mich regelmäßig über Neuerscheinungen.
- ☐ Bitte schicken Sie mir das Gesamtverzeichnis Edition Erdmann „Alte Abenteuerliche Reise- und Entdeckerberichte".

Alle Informationen unter www.marixverlag.de

Mich interessieren folgende Themen:

- ☐ Geschichte
- ☐ Philosophie
- ☐ Weltreligionen
- ☐ Judaika
- ☐ Weltliteratur
- ☐ Kunst

____

____

Name, Vorname

Straße, Nr.

Plz, Ort

Telefonnummer *

Faxnummer *

Email *

Unterschrift

* freiwillige Angabe

Für Ihre schnelle Anfrage:
info@marixverlag.de

ausreichend
frankieren

Rückantwort

marixverlag GmbH
Römerweg 10
65187 Wiesbaden

Der Tag gehört dem Irrtum und dem Fehler, die Zeitreihe dem Erfolg und dem Gelingen.

*

Wer vorsieht, ist Herr des Tags.

*

Ich verwünsche das Tägliche, weil es immer absurd ist. Nur was wir durch mögliche Anstrengung ihm übergewinnen, lässt sich wohl einmal summieren.

*

Indes wir, dem Ungeheuren unterworfen, kaum auf- und umschauen, was zu tun sei und wohin wir unser Bestes von Kräften, Tätigkeiten hinwenden sollen, und des höchsten Enthusiasmus bedürftig sind, der nur nachhalten kann, wenn er nicht empirisch ist, nagen zwar keine Lind-, aber Lumpwürme an unsern Täglichkeiten.

*

Das ganze Leben besteht aus

Wollen und Nicht-Vollbringen,
Vollbringen und Nicht-Wollen.

Wollen und Vollbringen ist nicht der Mühe wert oder verdrießlich, davon zu sprechen.

*

Das Leben vieler Menschen besteht aus Klatschigkeiten, Tägigkeiten, Intrige zu momentaner Wirkung.

*

Wenn die Affen es dahin bringen könnten, Langeweile zu haben, so könnten sie Menschen werden.

*

Dem Klugen kommt das Leben leicht vor, wenn dem Toren schwer, und oft dem Klugen schwer, dem Toren leicht.

*

Es ist besser, eine Torheit pure geschehen zu lassen, als ihr mit einiger Vernunft nachhelfen zu wollen. Die Vernunft verliert ihre Kraft, indem sie sich mit der Torheit vermischt, und die Torheit ihr Naturell, das ihr oft forthilft.

*

Mit Gedanken, die nicht aus der tätigen Natur entsprungen sind und nicht wieder aufs tätige Leben wohltätig hinwirken und so in einem mit dem jedesmaligen Lebenszustand übereinstimmenden mannigfaltigen Wechsel unaufhörlich entstehen und sich auflösen, ist der Welt wenig geholfen.

*

In Rücksicht aufs Praktische ist der unerbittliche Verstand Vernunft, weil der Vernunft Höchstes ist, vis-à-vis des Verstands nämlich, den Verstand unerbittlich zu machen.

*

Falsche Tendenzen sind eine Art realer Sehnsucht, immer noch vorteilhafter als die falsche Tendenz, die sich als ideelle Sehnsucht ausdrückt.

*

Alle praktische[n] Menschen suchen sich die Welt handrecht zu machen; alle Denker wollen sie kopfrecht haben. Wieweit es jedem gelingt, mögen sie zusehen.

*

Die Realen: Was nicht geleistet wird, wird nicht verlangt.
Die Idealen: Was verlangt wird, ist nicht gleich zu leisten.

*

Im Idealen kommt alles auf die élans, im Realen auf die Beharrlichkeit an.

*

Das Wunderlichste im Leben ist das Vertrauen, dass andre uns führen werden. Haben wir's nicht, so tappen und tolpen wir unsern eignen Weg hin; haben wir's, so sind wir auch, eh wir's uns versehen, auf das Schlechteste geführt.

*

Die ungeheuerste Kultur, die der Mensch sich geben kann, ist die Überzeugung, dass die andern nicht nach ihm fragen.

*

Wer hätte mit mir Geduld haben sollen, wenn ich's nicht gehabt hätte?

*

Die Menschen glauben, dass man sich mit ihnen abgeben müsse, da man sich mit sich selbst nicht abgibt.

*

Ein gebranntes Kind scheut das Feuer, ein oft versengter Greis scheut, sich zu wärmen.

*

Wie viel vermag nicht die Übung! Die Zuschauer schreien, und der Geschlagene schweigt.

*

Welcher Gewinn wäre es fürs Leben, wenn man dies früher gewahr würde, zeitig erführe, dass man mit seiner Schönen nie besser steht, als wenn man seinen Rivalen lobt. Alsdann geht ihr das Herz auf, jede Sorge, euch zu verletzen, die Furcht, euch zu verlieren, ist verschwunden; sie macht euch zum Vertrauten, und ihr überzeugt euch mit Freuden, dass ihr es seid, dem die Frucht des Baumes gehört, wenn ihr guten Humor genug habt, anderen die abfallenden Blätter zu überlassen.

*

Wenn mir eine Sache missfällt, so lass ich sie liegen oder mache sie besser.

*

Wer in sich recht ernstlich hinabsteigt, wird sich immer nur als Hälfte finden; er fasse nachher ein Mädchen oder eine Welt, um sich zum Ganzen zu konstituieren, das ist einerlei.

*

Weiß denn der Sperling, wie dem Storch zumute sei?

*

Der Tiger, der dem Hirsch begreiflich machen will, wie köstlich es ist, Blut zu schlürfen.

*

Gesunde Menschen sind die, in deren Leibes- und Geistesorganisation jeder Teil eine vita propria hat.

*

Dass man gerade nur denkt, wenn man das, worüber man denkt, nicht ausdenken kann!

*

Wenn weise Männer nicht irrten, müssten die Narren verzweifeln.

*

Manche sind auf das, was sie wissen, stolz, gegen das, was sie nicht wissen, hoffärtig.

*

Wer sich in ein Wissen einlassen soll, muss betrogen werden oder sich selbst betrügen, wenn äußere Nötigungen ihn nicht unwiderstehlich bestimmen. Wer würde ein Arzt werden, wenn er alle Unbilden auf einmal vor sich sähe, die seiner warten?

*

Der Historiker kann und braucht nicht alles aufs Gewisse zu führen; wissen doch die Mathematiker auch nicht zu erklären, warum der Komet von 1770, der in fünf oder elf Jahren wiederkommen sollte, sich zur bestimmten Zeit noch nicht wieder hat sehen lassen.

*

Es ist mit der Geschichte wie mit der Natur, wie mit allem Profunden, es sei vergangen, gegenwärtig oder zukünftig: je tiefer man ernstlich eindringt, desto schwierigere Probleme tun sich hervor. Wer sie nicht fürchtet, sondern kühn darauf losgeht, fühlt sich, indem er weiter gedeiht, höher gebildet und behaglicher.

*

Die Geschichte wie das Universum, das sie repräsentieren soll, hat einen realen und idealen Teil.

Zum idealen Teile gehört der Kredit, zum realen Besitztum, physische Macht pp.

*

Der Kredit ist eine durch reale Leistungen erzeugte Idee der Zuverlässigkeit.

*

Jeder Besitz ist eine plumpe Sache, und es ist gut, dass darüber abgesprochen werde, ne incerta sint rerum dominia.

*

Jeder Mensch fühlt sich privilegiert.
Diesem Gefühl widerspricht

1. die Naturnotwendigkeit,
2. die Gesellschaft.

ad 1. Der Mensch kann ihr nicht entgehen, nicht ausweichen, nichts abgewinnen. Nur kann er durch Diät sich fügen und ihr nicht vorgreifen.
ad 2. Der Mensch kann ihr nicht entgehen, nicht ausweichen; aber er kann ihr abgewinnen, dass sie ihn ihre Vorteile mitgenießen lässt, wenn er seinem Privilegiengefühl entsagt.

*

Der höchste Zweck der Gesellschaft ist Konsequenz der Vorteile, jedem gesichert. Jeder einzelne Vernünftige opfert schon der Konsequenz vieles auf, geschweige die Gesellschaft. Über diese Konsequenz geht fast der momentane Vorteil der Glieder zugrunde.

*

In der Gesellschaft sind alle gleich. Es kann keine Gesellschaft anders als auf den Begriff der Gleichheit gegründet sein, keineswegs aber auf den Begriff der Freiheit. Die Gleichheit will ich in der Gesellschaft finden; die Freiheit, nämlich die sittliche, dass ich mich subordinieren mag, bringe ich mit.

*

Die Gesellschaft, in die ich trete, muss also zu mir sagen: »Du sollst allen uns andern gleich sein.« Sie kann aber nur hinzufügen: »Wir wünschen, dass du auch frei sein mögest«, das heißt: Wir wünschen, dass du dich mit Überzeugung, aus freiem, vernünftigem Willen deiner Privilegien begibst.

*

Gesetzgeber oder Revolutionärs, die Gleichsein und Freiheit zugleich versprechen, sind Phantasten oder Scharlatans.

*

Eingebildete Gleichheit: das erste Mittel, die Ungleichheit zu zeigen.

*

Jede Revolution geht auf Naturzustand hinaus, Gesetz- und Schamlosigkeit. (Pikarden, Wiedertäufer, Sansculotten.)

*

Sobald die Tyrannei aufgehoben ist, geht der Konflikt zwischen Aristokratie und Demokratie unmittelbar an.

*

Die Menschen sind als Organe ihres Jahrhunderts anzusehen, die sich meist unbewusst bewegen.

*

Fehler der sogenannten Aufklärung: dass sie Menschen Vielseitigkeit gibt, deren einseitige Lage man nicht ändern kann.

*

Vor der Revolution war alles Bestreben; nachher verwandelte sich alles in Forderung.

*

In einigen Staaten ist infolge der erlebten heftigen Bewegungen fast in allen Richtungen eine gewisse Übertreibung im Unterrichtswesen eingetreten, dessen Schädlichkeit in der Folge allgemeiner eingesehen, aber jetzt schon von tüchtigen, redlichen Vorstehern solcher Anstalten vollkommen anerkannt ist. Treffliche Männer leben in einer Art von Verzweiflung, dass sie dasjenige, was sie amts- und vorschriftsgemäß lehren und überliefern müssen, für unnütz und schädlich halten.

*

Es ist nichts trauriger anzusehn als das unvermittelte Streben ins Unbedingte in dieser durchaus bedingten Welt; es erscheint im Jahre 1830 vielleicht ungehöriger als je.

*

Einen gerüsteten, auf die *Defensive* berechneten Zustand kann kein Staat aushalten.

*

Ob eine Nation reif werden könne, ist eine wunderliche Frage. Ich beantworte sie mit Ja, wenn alle Männer als dreißigjährig geboren werden könnten; da aber die Jugend vorlaut, das Alter aber kleinlaut ewig sein wird, so ist der eigentlich reife Mann immer zwischen beiden geklemmt und wird sich auf eine wunderliche Weise behelfen und durchhelfen müssen.

*

Das große Recht, nicht etwa nur in seinen Privatangelegenheiten – denn das weiß ein jeder –, sondern auch in öffentlichen verständig, ja vernünftig zu sein.

*

Majestät ist das Vermögen, ohne Rücksicht auf Belohnung oder Bestrafung recht oder unrecht zu handeln.

*

Herrschen und genießen geht nicht zusammen. Genießen heißt, sich und andern in Fröhlichkeit angehören; herrschen heißt, sich und anderen im ernstlichsten Sinne wohltätig sein.

*

Herrschen lernt sich leicht, regieren schwer.

*

Wer klare Begriffe hat, kann befehlen.

*

Was von Seiten der Monarchen in den Zeitungen gedruckt wird, nimmt sich nicht gut aus; denn die Macht soll handeln und nicht reden. Was die Liberalen vorbringen, lässt sich immer lesen; denn der Übermächtigte, weil er nicht handeln kann, mag sich wenigstens redend äußern. »Lasst sie singen, wenn sie nur bezahlen!« sagte Mazarin, als man ihm die Spottlieder auf eine neue Steuer vorlegte.

*

Wenn man einige Monate die Zeitungen nicht gelesen hat, und man liest sie alsdann zusammen, so zeigt sich erst, wie viel Zeit man mit diesen Papieren verdirbt. Die Welt war immer in Parteien geteilt, besonders ist sie es jetzt, und während jedes zweifelhaften Zustandes kirrt der Zeitungsschreiber eine oder die andere Partei mehr oder weniger und nährt die innere Neigung und Abneigung von Tag zu Tag, bis zuletzt Entscheidung eintritt und das Geschehene wie eine Gottheit angestaunt wird.

*

In den Zeitungen ist alles Offizielle geschraubt, das Übrige platt.

*

Nach Pressefreiheit schreit niemand, als wer sie missbrauchen will.

*

Die Deutschen der neueren Zeit haben nichts anders für Denk- und Pressefreiheit gehalten, als dass sie sich einander öffentlich missachten dürfen.

*

Die Deutschen der alten Zeit freute nichts, als dass keiner dem andern gehorchen durfte.

*

Gerechtigkeit: Eigenschaft und Phantom der Deutschen.

*

Der echte Deutsche bezeichnet sich durch mannigfaltige Bildung und Einheit des Charakters.

*

Die Engländer werden uns beschämen durch reinen Menschenverstand und guten Willen, die Franzosen durch geistreiche Umsicht und praktische Ausführung.

*

Der Deutsche soll alle Sprachen lernen, damit ihm zu Hause kein Fremder unbequem, er aber in der Fremde überall zu Hause sei.

*

Die Gewalt einer Sprache ist nicht, dass sie das Fremde abweist, sondern dass sie es verschlingt.

*

Ich verfluche allen negativen Purismus, dass man ein Wort nicht brauchen soll, in welchem eine andre Sprache Vieles oder Zarteres gefasst hat.

*

Meine Sache ist der affirmative Purismus, der produktiv ist und nur davon ausgeht: Wo müssen wir *umschreiben,* und der Nachbar hat ein entscheidendes Wort?

*

Der pedantische Purismus ist ein absurdes Ablehnen weiterer Ausbreitung des Sinnes und Geistes. (Zum Beispiel das englische Wort *grief*.)

*

Kein Wort steht still, sondern es rückt immer durch den Gebrauch von seinem anfänglichen Platz, eher hinab als hinauf, eher ins Schlechtere als ins Bessere, ins Engere als Weitere, und an der Wandelbarkeit des Worts lässt sich die Wandelbarkeit der Begriffe erkennen.

*

Philologen: Apollo Sauroktonos, immer mit dem spitzen Griffelchen in der Hand aufpassend, eine Eidechse zu spießen.

*

Es ist kein großer Unterschied, ob ich eine korrekte Stelle falsch verstehe oder ob ich einer korrupten irgendeinen Sinn unterlege. Das letzte ist für den Einzelnen vorteilhafter als das erste. Es wird eine Privatemendation, wodurch er für seinen Geist gewinnt, was jene für den Buchstaben gewonnen.

*

Was man Mode heißt, ist augenblickliche Überlieferung. Alle Überlieferung führt eine gewisse Notwendigkeit mit sich, sich ihr gleichzustellen.

*

Wenn man älter wird, muss man mit Bewusstsein auf einer gewissen Stufe stehenbleiben.

*

Es ziemt sich dem Bejahrten weder in der Denkweise noch in der Art, sich zu kleiden, der Mode nachzugehen.

*

Aber man muss wissen, wo man steht und wohin die andern wollen.

*

Es ist mit den Jahren wie mit den Sibyllinischen Büchern: je mehr man ihrer verbrennt, desto teurer werden sie.

*

Wenn die Jugend ein Fehler ist, so legt man ihn sehr bald ab.

*

In der Jugend bald die Vorzüge des Alters gewahr zu werden, im Alter die Vorzüge der Jugend zu erhalten, beides ist nur ein Glück.

*

Es betrügt sich kein Mensch, der in seiner Jugend noch so viel erwartet. Aber wie er damals die Ahndung in seinem Herzen empfand, so muss er auch die Erfüllung in seinem Herzen suchen, nicht außer sich.

*

»Ich bin über die Wurzeln des Baums gestolpert, den ich gepflanzt hatte.« Das muss ein alter Forstmann gewesen sein, der dies gesagt hat.

*

Dass der Mensch zuletzt Epitomator von sich selbst wird! Und dahin zu gelangen ist schon Glück genug.

*

Eltern und Kindern bleibt nichts übrig, als entweder vor- oder hintereinander zu sterben, und man weiß am Ende nicht, was man vorziehen sollte.

*

Wenn ich an meinen Tod denke, darf ich, kann ich nicht denken, welche Organisation zerstört wird.

*

In jeder großen Trennung liegt ein Keim von Wahnsinn; man muss sich hüten, ihn nachdenklich auszubrüten und zu pflegen.

*

Höchst merkwürdig ist, dass von dem menschlichen Wesen das Entgegengesetzte übrig bleibt: Gehäuse und Gerüst, worin und womit sich der Geist hienieden genügte, sodann aber die idealen Wirkungen, die in Wort und Tat von ihm ausgingen.

*

Ein ausgesprochenes Wort fordert sich selbst wieder.

*

Mystik: eine unreife Poesie, eine unreife Philosophie;
Poesie: eine reife Natur;
Philosophie: eine reife Vernunft.

Poesie deutet auf die Geheimnisse der Natur und sucht sie durchs Bild zu lösen;

Philosophie deutet auf die Geheimnisse der Vernunft und sucht sie durchs Wort zu lösen (Naturphilosophie, Experimentalphilosophie);

Mystik deutet auf die Geheimnisse der Natur und Vernunft und sucht sie durch Wort und Bild zu lösen.

Bildliche Vorstellung: Reich der Poesie; hypothetische Erklärung: Reich der Philosophie.

Das Wahre (Allgemeine), das wir erkennen und festhalten;

das Leidenschaftliche (Besondere), das uns hindert und festhält;

das Dritte, Rednerische, schwankend zwischen Wahrheit und Leidenschaft.

Die Laune ist ein Bewusstloses und beruht auf der Sinnlichkeit. Es ist der Widerspruch der Sinnlichkeit mit sich selbst.

*

Der Humor entsteht, wenn die Vernunft nicht im Gleichgewicht mit den Dingen ist, sondern entweder sie zu beherrschen strebt und nicht damit zustande kommen kann: welches der ärgerliche oder üble Humor ist; oder sich ihnen gewissermaßen unterwirft und mit sich spielen lässt, salvo honore: welches der heitre Humor oder der gute ist. Sie lässt sich gut symbolisieren durch einen Vater, der sich herablässt, mit seinen Kindern zu spielen, und mehr Spaß einnimmt als ausgibt. In diesem Falle spielt die Vernunft den Goffo, im ersten Falle den Moroso.

*

Das Genie übt eine Art Ubiquität aus, ins Allgemeine vor, ins Besondere nach der Erfahrung.

*

Das Glück des Genies: wenn es zu Zeiten des Ernstes geboren wird.

*

Große Talente sind das schönste Versöhnungsmittel.

*

Das Genie mit Großsinn sucht seinem Jahrhundert vorzueilen; das Talent aus Eigensinn möchte es oft zurückhalten.

*

Der Scharfsinn verlässt geistreiche Männer am wenigsten, wenn sie unrecht haben.

*

Das Fürchterlichste ist, wenn platte, unfähige Menschen zu Phantasten sich gesellen.

*

Man kann sich nicht verleugnen, dass die deutsche Welt, mit vielen, guten, trefflichen Geistern geschmückt, immer uneiniger, unzusammenhängender in Kunst und Wissenschaft, sich auf historischem, theoretischem und praktischem Wege immer mehr verirrt und verwirrt.

*

Sähe man Kunst und Wissenschaft nicht als ein Ewiges, in sich selbst Lebendig-Fertiges verehrend an, das im Zeitverlaufe nur Vorzüge und Mängel durcheinandermischt, so würde man selbst irre werden und sich betrüben, dass Reichtum in eine solche Verlegenheit setzen kann.

*

Was ist das für eine Zeit, wo man die Begrabenen beneiden muss?

*

Was nicht originell ist, daran ist nichts gelegen, und was originell ist, trägt immer die Gebrechen des Individuums an sich.

*

Wer's nicht besser machen kann, macht's wenigstens anders; Zuhörer und Leser, in herkömmlicher Gleichgültigkeit, lassen dergleichen am liebsten gelten.

*

Man spricht so viel von Geschmack: der Geschmack besteht in Euphemismen. Diese sind Schonungen des Ohrs mit Aufregung des Sinnes.

*

Das Publikum will wie Frauenzimmer behandelt sein: man soll ihnen durchaus nichts sagen, als was sie hören möchten.

*

Das Publikum beklagt sich lieber unaufhörlich, übel bedient worden zu sein, als dass es sich bemühte, besser bedient zu werden.

*

Es gibt empirische Enthusiasten, die, obgleich mit Recht, an neuen guten Produkten, aber mit einer Ekstase sich erweisen, als wenn sonst in der Welt nichts Vorzügliches zu sehen gewesen wäre.

*

Ein großes Unheil entspringt aus den falschen Begriffen der Menge, weil der Wert vorhandener Werke gleich verkannt wird, wenn sie nicht im kurrenten Vorurteil mit einbegriffen sind.

*

Innerhalb einer Epoche gibt es keinen Standpunkt, eine Epoche zu betrachten.

*

Keine Nation hat ein Urteil als über das, was bei ihr getan und geschrieben ist. Man könnte dies auch von jeder Zeit sagen.

*

Wahre, in alle Zeiten und Nationen eingreifende Urteile sind sehr selten.

*

Keine Nation hat eine Kritik als in de[m] Maße, wie sie vorzügliche, tüchtige und vortreffliche Werke besitzt.

*

Die Kritik erscheint wie Ate: sie verfolgt die Autoren, aber hinkend.

*

Das Wahre, Gute und Vortreffliche ist einfach und sich immer gleich, wie es auch erscheine. Das Irren aber, das den Tadel hervorruft, ist höchst mannigfaltig, in sich selbst verschieden und nicht allein gegen das Gute und Wahre, sondern auch gegen sich selbst kämpfend, mit sich selbst in Widerspruch. Daher müssen in jeder Literatur die Ausdrücke des Tadels die Worte des Lobes überwiegen.

*

Bei den Griechen, deren Poesie und Rhetorik einfach und positiv war, erscheint die Billigung öfter als die Missbilligung; bei den Lateinern hingegen ist es umgekehrt, und je mehr sich Poesie und Redekunst verdirbt, desto mehr wird der Tadel wachsen und das Lob sich zusammenziehen.

*

Die Literatur verdirbt sich nur in dem Maße, als die Menschen verdorbener werden.

*

Klassisch ist das Gesunde, romantisch das Kranke.

*

Ovid blieb klassisch auch im Exil: er sucht sein Unglück nicht in sich, sondern in seiner Entfernung von der Hauptstadt der Welt.

*

Das Romantische ist schon in seinen Abgrund verlaufen; das Grässlichste der neuern Produktionen ist kaum noch gesunkener zu denken.

*

Engländer und Franzosen haben uns darin überboten. Körper, die bei Leibesleben verfaulen und sich in detaillierter Betrachtung ihres Verwesens erbauen, Tote, die zum Verderben anderer am Leben bleiben und ihren Tod am Lebendigen ernähren: dahin sind unsre Produzenten gelangt!

Im Altertum spuken dergleichen Erscheinungen nur vor wie seltene Krankheitsfälle; bei den Neuern sind sie endemisch und epidemisch geworden.

*

»Sakuntala«: Hier erscheint der Dichter in seiner höchsten Funktion. Als Repräsentant des natürlichsten Zustandes, der feinsten Lebensweise, des reinsten sittlichen Bestrebens, der würdigsten Majestät und der ernstesten Gottesverehrung wagt er sich in gemeine und lächerliche Gegensätze.

*

Jemand sagte: »Was bemüht ihr euch um den Homer? Ihr versteht ihn doch nicht.« Darauf antwortet ich: Versteh ich doch auch Sonne, Mond und Sterne nicht; aber sie gehen über meinem Haupt hin, und ich erkenne mich in ihnen, indem ich sie sehe und ihren regelmäßigen, wunderbaren Gang betrachte, und denke dabei, ob auch wohl etwas aus mir werden könnte.

*

Dass die bildende Kunst in der Ilias auf einer so hohen Stufe erscheint, möchte wohl ein Argument für die Modernität des Gedichtes abgeben.

*

Die Modernen sollen nur Lateinisch schreiben, wenn sie aus Nichts etwas zu machen haben. Umgekehrt machen sie ihr weniges Etwas immer zu nichts.

*

Die lateinische Sprache hat eine Art von Imperativus der Autorschaft.

*

Zu den glücklichen Umständen, welche Shakespeares geborenes großes Talent frei und rein entwickelten, gehört auch, dass er Protestant war; er hätte sonst wie Kalidasa und Calderón Absurditäten verherrlichen müssen.

*

Heinrich der Vierte von Shakespeare: Wenn alles verloren wäre, was je dieser Art geschrieben zu uns gekommen, so könnte man Poesie und Rhetorik daraus vollkommen wiederherstellen.

*

Um die alten, abgeschmacktesten *locos communes* der Menschheit durchzupeitschen, hat Klopstock Himmel und Hölle, Sonne, Mond und Sterne, Zeit und Ewigkeit, Gott und Teufel aufgeboten.

*

Schmidt von Werneuchen ist der wahre Charakter der Natürlichkeit. Jedermann hat sich über ihn lustig gemacht, und das mit Recht; und doch hätte man sich über ihn nicht lustig machen können, wenn er nicht als Poet wirkliches Verdienst hätte, das wir an ihm zu ehren haben.

*

Eulenspiegel: Alle Hauptspäße des Buchs beruhen darauf, dass alle Menschen *figürlich* sprechen und Eulenspiegel es *eigentlich* nimmt.

*

Märchen: das uns unmögliche Begebenheiten unter möglichen oder unmöglichen Bedingungen als möglich darstellt.

*

Roman: der uns mögliche Begebenheiten unter unmöglichen oder beinahe unmöglichen Bedingungen als wirklich darstellt.

*

Der Romanenheld assimiliert sich alles; der Theaterheld muss nichts Ähnliches in allem dem finden, was ihn umgibt.

*

Einen wundersamen Anblick geben des Aristoteles Fragmente des Traktats über Dichtkunst. Wenn man das Theater in- und auswendig kennt wie unsereiner, der einen bedeutenden Teil des Lebens auf diese Kunst verwendet und selbst viel darin gearbeitet hat, so sieht man erst, dass man sich vor allen Dingen mit der philosophischen Denkart des Mannes bekannt machen müsste, um zu begreifen, wie er diese Kunsterscheinung angesehen habe; außerdem verwirrt unser Studium nur, wie denn die moderne Poetik das Alleräußerlichste seiner Lehre nur zu ihrem Verderben anwendet und angewendet hat.

*

Des tragischen Dichters Aufgabe und Tun ist nichts anders, als ein psychisch-sittliches Phänomen, in einem fasslichen Experiment dargestellt, in der Vergangenheit nachzuweisen.

*

Was man Motive nennt, sind also eigentlich Phänomene des Menschengeistes, die sich wiederholt haben und wiederholen werden und die der Dichter nur als historische nachweist.

*

Ein dramatisches Werk zu verfassen, dazu gehört Genie. Am Ende soll die Empfindung, in der Mitte die Vernunft, am Anfang der Verstand vorwalten und alles gleichmäßig durch eine lebhaft-klare Einbildungskraft vorgetragen werden.

*

Es ist nichts theatralisch, was nicht für die Augen symbolisch wäre.

*

Die gewöhnlichen Theaterkritiken sind unbarmherzige Sündenregister, die ein böser Geist vorwurfsweise den armen Schächern vorhält ohne hilfreiche Hand zu einem besseren Wege.

*

Eine Romanze ist kein Prozess, wo ein Definitivurteil sein muss.

*

Beim Übersetzen muss man bis ans Unübersetzliche herangehen; alsdann wird man aber erst die fremde Nation und die fremde Sprache gewahr.

*

Es ist ein großer Unterschied, ob ich lese zu Genuss und Belebung oder zu Erkenntnis und Belehrung.

*

Es gibt Bücher, durch welche man alles erfährt und doch zuletzt von der Sache nichts begreift.

*

Wenn einem Autor ein Lexikon nachkommen kann, so taugt er nichts.

*

Ich denke immer, wenn ich einen Druckfehler sehe, es sei etwas Neues erfunden.

*

Verleger haben die Autoren und sich selbst für vogelfrei erklärt; wie wollen sie untereinander, wer will mit ihnen rechten?

*

Die Sehnsucht, die nach außen, in die Ferne strebt, sich aber melodisch in sich selbst beschränkt, erzeugt den Minor.

*

Kantilene: die Fülle der Liebe und jedes leidenschaftlichen Glücks verewigend.

Über Kunst und Kunstgeschichte

Aphorismen. Freunden und Gegnern zur Beherzigung

Wer gegenwärtig über Kunst schreiben oder gar streiten will, der sollte einige Ahndung haben von dem, was die Philosophie in unsern Tagen geleistet hat und zu leisten fortfährt.

*

Wer einem Autor Dunkelheit vorwerfen will, sollte erst sein eigen Inneres beschauen, ob es denn da auch recht hell ist: in der Dämmerung wird eine sehr deutliche Schrift unlesbar.

*

Wer streiten will, muss sich hüten, bei dieser Gelegenheit Sachen zu sagen, die ihm niemand streitig macht.

*

Wer Maximen bestreiten will, sollte fähig sein, sie recht klar aufzustellen und innerhalb dieser Klarheit zu kämpfen, damit er nicht in den Fall gerate, mit selbstgeschaffenen Luftbildern zu fechten.

*

Die Dunkelheit gewisser Maximen ist nur relativ: nicht alles ist dem Hörenden deutlich zu machen, was dem Ausübenden einleuchtet.

*

Ein Künstler, der schätzbare Arbeiten verfertiget, ist nicht immer imstande, von eignen oder fremden Werken Rechenschaft zu geben.

*

Natur und Idee lässt sich nicht trennen, ohne dass die Kunst sowie das Leben zerstört werde.

*

Wenn Künstler von Natur sprechen, subintelligieren sie immer die Idee, ohne sich's deutlich bewusst zu sein.

Ebenso geht's allen, die ausschließlich die Erfahrung anpreisen; sie bedenken nicht, dass die Erfahrung nur die Hälfte der Erfahrung ist.

*

Erst hört man von Natur und Nachahmung derselben; dann soll es eine schöne Natur geben. Man soll wählen. Doch wohl das Beste! Und woran soll man's erkennen? Nach welcher Norm soll man wählen? Und wo ist denn die Norm? Doch wohl nicht auch in der Natur?

Und gesetzt, der Gegenstand wäre gegeben, der schönste Baum im Walde, der in seiner Art als vollkommen auch vom Förster anerkannt würde. Nun, um den Baum in ein Bild zu verwandeln, gehe ich um ihn herum und suche mir die schönste Seite. Ich trete weit genug weg, um ihn völlig zu übersehen, ich warte ein günstiges Licht ab, und nun soll von dem Naturbaum noch viel auf das Papier übergegangen sein!

*

Der Laie mag das glauben; der Künstler, hinter den Kulissen seines Handwerks, sollte aufgeklärter sein.

Gerade das, was ungebildeten Menschen am Kunstwerk als Natur auffällt, das ist nicht Natur (von außen), sondern der Mensch (Natur von innen).

*

Wir wissen von keiner Welt als im Bezug auf den Menschen; wir wollen keine Kunst, als die ein Abdruck dieses Bezugs ist.

*

Wer zuerst im Bilde auf seinen Horizont die Zielpunkte des mannigfaltigen Spiels waagerechter Linien bannte, erfand das Prinzip der Perspektive.

*

Wer zuerst aus der Systole und Diastole, zu der die Retina gebildet ist, aus dieser Synkrisis und Diakrisis, mit Plato zu sprechen, die Farbenharmonie entwickelte, der hat die Prinzipien des Kolorits entdeckt.

*

Suchet in euch, so werdet ihr alles finden, und erfreuet euch, wenn da draußen, wie ihr es immer heißen möget, eine Natur liegt, die ja und amen zu allem sagt, was ihr in euch gefunden habt!

*

Gar Vieles kann lange erfunden, entdeckt sein, und es wirkt nicht auf die Welt; es kann wirken und doch nicht bemerkt werden, wirken und nicht ins Allgemeine greifen. Deswegen jede Geschichte der Erfindung sich mit den wunderbarsten Rätseln herumschlägt.

*

Es ist so schwer, etwas von Mustern zu lernen, als von der Natur.

*

Die Form will so gut verdauet sein als der Stoff; ja sie verdaut sich viel schwerer.

*

Mancher hat nach der Antike studiert und sich ihr Wesen nicht ganz zugeeignet: ist er darum scheltenswert?

*

Die höheren Forderungen sind an sich schon schätzbarer, auch unerfüllt, als niedrige, ganz erfüllte.

*

Das Trocken-Naive, das Steif-Wackere, das Ängstlich-Rechtliche, und womit man ältere deutsche Kunst charakterisieren mag, gehört zu jeder früheren, einfacheren Kunstweise. Die alten Venezianer, Florentiner usw. haben das alles auch.

*

Und wir Deutsche sollen uns dann nur für original halten, wenn wir uns nicht über die Anfänge erheben?

*

Weil Albrecht Dürer bei dem unvergleichlichen Talent sich nie zur Idee des Ebenmaßes der Schönheit, ja sogar nie zum Gedanken einer schicklichen Zweckmäßigkeit erheben konnte, sollen wir auch immer an der Erde kleben?

Albrecht Dürern förderte ein höchst innigstes realistisches Anschauen, ein liebenswürdiges menschliches Mitgefühl aller gegenwärtigen Zustände; ihm schadete eine trübe, form- und bodenlose Phantasie.

Wie Martin Schön neben ihm steht und wie das deutsche Verdienst sich dort beschränkt, wäre interessant zu zeigen, und nützlich zu zeigen, dass dort nicht aller Tage Abend war.

Löste sich doch in jeder italienischen Schule der Schmetterling aus der Puppe los!

*

Sollen wir ewig als Raupen herumkriechen, weil einige nordische Künstler ihre Rechnung dabei finden?

*

Nachdem uns Klopstock vom Reim erlöste und Voß uns prosodische Muster gab, so sollen wir wohl wieder Knittelverse machen wie Hans Sachs?

*

Lasst uns doch vielseitig sein! Märkische Rübchen schmecken gut, am besten gemischt mit Kastanien, und diese beiden edlen Früchte wachsen weit auseinander.

*

Erlaubt uns in unsern vermischten Schriften doch neben den abend- und nordländischen Formen auch die morgen- und südländischen!

*

Man ist nur vielseitig, wenn man zum Höchsten strebt, weil man muss (im Ernst), und zum Geringeren herabsteigt, wenn man will (zum Spaß).

*

Lasst doch den deutschen Dichtern den frommen Wunsch, auch als Homeriden zu gelten! Deutsche Bildhauer, es wird euch nicht schaden, zum Ruhm der letzten Praxiteliden zu streben!

*

Was hat ein Maler zu studieren, bis er eine Pfirsche sehen kann wie Huysum, und wir sollen nicht versuchen, ob es möglich sei, den Menschen zu sehen, wie ihn ein Grieche gesehen hat?

*

Wer Proportion (das Messbare) von der Antike nehmen muss, sollte uns nicht gehässig sein, weil wir das Unmessbare von der Antike nehmen wollen.

*

Es ist schon genug, dass Kunstliebhaber das Vollkommene übereinstimmend anerkennen und schätzen; über das Mittlere lässt sich der Streit nicht endigen.

*

Alles Prägnante, was allein an einem Kunstwerke vortrefflich ist, wird nicht anerkannt, alles Fruchtbare und Fördernde wird beseitigt, eine tiefumfassende Synthesis begreift nicht leicht jemand.

*

Ihr wählt euch ein Muster, und damit vermischt ihr eure Individualität: das ist alle eure Kunst. Da ist an keine Grundsätze, an keine Schule, an keine Folge zu denken, alles willkürlich und wie es einem jeden einfällt. Dass man sich von Gesetzen losmacht, die bloß durch Tradition geheiligt sind, dagegen ist nichts zu sagen; aber dass man nicht denkt, es müssen doch Gesetze sein, die aus der Natur jeder Kunst entspringen, daran denkt niemand.

*

Jedes gute und schlechte Kunstwerk, sobald es entstanden ist, gehört zur Natur. Die Antike gehört zur Natur, und zwar, wenn sie anspricht, zur natürlichsten Natur, und diese edle Natur sollen wir nicht studieren, aber die gemeine!

*

Denn das Gemeine ist's eigentlich, was den Herren Natur heißt! Aus sich schöpfen mag wohl heißen, mit dem eben fertig werden, was uns bequem wird!

*

Kunst: eine andere Natur, auch geheimnisvoll, aber verständlicher; denn sie entspringt aus dem Verstande.

*

Die Natur wirkt nach Gesetzen, die sie sich in Eintracht mit dem Schöpfer vorschrieb, die Kunst nach Regeln, über die sie sich mit dem Genie einverstanden hat.

*

Die Kunst ruht auf einer Art religiösem Sinn, auf einem tiefen, unerschütterlichen Ernst; deswegen sie sich auch so gern mit der Religion vereinigt. Die Religion bedarf keines Kunstsinnes, sie ruht auf ihrem eignen Ernst; sie verleiht aber auch keinen, sowenig sie Geschmack gibt.

*

Realität in der *höchsten* Nützlichkeit (Zweckmäßigkeit) wird auch schön sein.

*

Vollkommenheit ist schon da, wenn das Notwendige geleistet wird, Schönheit, wenn das Notwendige geleistet, doch verborgen ist.

*

Vollkommenheit kann mit Disproportion bestehen, Schönheit allein mit Proportion.

*

Werke der Kunst werden zerstört, sobald der Kunstsinn verschwindet.

*

Die Allegorie verwandelt die Erscheinung in einen Begriff, den Begriff in ein Bild, doch so, dass der Begriff im Bilde immer noch begrenzt und vollständig zu halten und zu haben und an demselben auszusprechen sei.

*

Die Symbolik verwandelt die Erscheinung in Idee, die Idee in ein Bild, und so, dass die Idee im Bild immer unendlich wirksam und unerreichbar bleibt und, selbst in allen Sprachen ausgesprochen, doch unaussprechlich bliebe.

*

In Rembrandts trefflicher Radierung, der Austreibung der Käufer und Verkäufer aus den Tempelhallen, ist die Glorie, welche gewöhnlich des Herrn Haupt umgibt, in die vorwärts wirkende Hand gleichsam gefahren, welche nun in göttlicher Tat, glanzumgeben, derb zuschlägt. Um das Haupt ist's, wie auch das Gesicht, dunkel.

*

Jeder große Künstler reißt uns weg, steckt uns an. Alles, was in uns von eben der Fähigkeit ist, wird rege, und da wir eine Vorstellung vom Großen und einige Anlage dazu haben, so bilden wir uns gar leicht ein, der Keim davon stecke in uns.

*

Gemüt hat jedermann, Naturell manche, Kunstbegriffe sind selten.

*

In allen Künsten gibt es einen gewissen Grad, den man mit den natürlichen Anlagen, sozusagen allein erreichen kann. Zugleich aber ist es unmöglich, denselben zu überschreiten, wenn nicht die Kunst zu Hülfe kommt.

*

Man sagt wohl zum Lobe des Künstlers: er hat alles aus sich selbst. Wenn ich das nur nicht wieder hören müsste! Genau besehen, sind die Produktionen eines solchen Originalgenies meistens Reminiszenzen; wer Erfahrung hat, wird sie meist einzeln nachweisen können.

*

Das sogenannte Aus-sich-Schöpfen macht gewöhnlich falsche Originale und Manieristen.

*

Warum schelten wir das Manierierte so sehr, als weil wir glauben, das Umkehren daher auf den rechten Weg sei unmöglich?

*

Die Kunst soll das Penible nicht vorstellen.

*

Was die letzte Hand tun kann, muss die erste schon entschieden aussprechen. Hier muss schon bestimmt sein, was getan werden soll.

*

»An meinen Bildern müsst ihr nicht schnuffeln, die Farben sind ungesund.« Rembrandt.

*

Aus vielen Skizzen endlich ein Ganzes hervorzubringen, gelingt selbst den Besten nicht immer.

*

Selbst das mäßige Talent hat immer Geist in Gegenwart der Natur; deswegen einigermaßen sorgfältige Zeichnungen der Art immer Freude machen.

*

Ursache des Dilettantismus: Flucht vor der Manier, Unkenntnis der Methode, törichtes Unternehmen, gerade immer das Unmögliche leisten zu wollen, welches die höchste Kunst erforderte, wenn man sich ihm je nähern könnte.

*

Fehler der Dilettanten: Phantasie und Technik unmittelbar verbinden zu wollen.

*

Es ist eine Tradition, Dädalus, der erste Plastiker, habe die Erfindung der Drehscheibe des Töpfers beneidet. Von Neid möchte wohl nichts vorgekommen sein; aber der große Mann hat wahrscheinlich vorempfunden, dass die Technik zuletzt in der Kunst verderblich werden müsse.

*

Die Technik im Bündnis mit dem Abgeschmackten ist die fürchterlichste Feindin der Kunst.

*

Bei Gelegenheit der berlinischen »Vorbilder für Fabrikanten« kam zur Sprache, ob so großer Aufwand auf die höchste Ausführung der Blätter wäre nötig gewesen; wobei sich ergab, dass gerade den talentvollen jungen Künstler und Handwerker die Ausführung am meisten reizt und dass er durch Beachtung und Nachbildung derselben erst befähigt wird, das Ganze und den Wert der Formen zu begreifen.

*

Chodowiecki ist ein sehr respektabler und wir sagen *idealer* Künstler. Seine *guten* Werke zeugen durchaus von *Geist* und *Geschmack.* Mehr Ideales war in dem Kreise, in dem er arbeitete, nicht zu fordern.

*

Das Schrecklichste für den Schüler ist, dass er sich am Ende doch gegen den Meister wiederherstellen muss. Je kräftiger das ist, was dieser gibt, in desto größerem Unmut, ja Verzweiflung ist der Empfangende.

*

Ein edler Philosoph sprach von der Baukunst als einer *erstarrten Musik* und musste dagegen manches Kopfschütteln gewahr werden. Wir glauben diesen schönen Gedanken nicht besser nochmals einzuführen, als wenn wir die Architektur eine *verstummte Tonkunst* nennen.

Man denke sich den Orpheus, der, als ihm ein großer wüster Bauplatz angewiesen war, sich weislich an dem schicklichsten Ort niedersetzte und durch die belebenden Töne seiner Leier den geräumigen Marktplatz um sich her bildete. Die von kräftig gebietenden, freundlich lockenden Tönen schnell ergriffenen, aus ihrer massenhaften Ganzheit gerissenen Felssteine mussten, indem sie sich enthusiastisch herbeibewegten, sich kunst- und handwerksgemäß gestalten, um sich sodann in rhythmischen Schichten und Wänden gebührend hinzuordnen. Und so mag sich Straße zu Straßen anfügen! An wohlschützenden Mauern wird's auch nicht fehlen.

Die Töne verhallen, aber die Harmonie bleibt. Die Bürger einer solchen Stadt wandeln und weben zwischen ewigen Melodien; der Geist kann nicht sinken, die Tätigkeit nicht einschlafen, das Auge übernimmt Funktion, Gebühr und Pflicht des Ohres, und die Bürger am gemeinsten Tage fühlen sich in einem ideellen Zustand: ohne Reflexion, ohne nach dem Ursprung zu fragen, werden sie des höchsten sittlichen und religiösen Genusses teilhaftig. Man gewöhne sich, in Sankt Peter auf und ab zu gehen, und man wird ein Analogon desjenigen empfinden, was wir auszusprechen gewagt.

Der Bürger dagegen in einer schlecht gebauten Stadt, wo der Zufall mit leidigem Besen die Häuser zusammenkehrte, lebt unbewusst in der Wüste eines düstern Zustandes; dem fremden Eintretenden jedoch ist es zumute, als wenn er Dudelsack, Pfeifen und Schellentrommeln hörte und sich bereiten müsste, Bärentänzen und Affensprüngen beiwohnen zu müssen.

*

Antike Tempel konzentrieren den Gott im Menschen; des Mittelalters Kirchen streben nach dem Gott in der Höhe.

Über Natur und Naturwissenschaft

Begriff ist *Summe,* Idee *Resultat* der Erfahrung; jene zu ziehen wird Verstand, dieses zu erfassen Vernunft erfordert.

*

Was man Idee nennt: das, was immer zur Erscheinung kommt und daher als Gesetz aller Erscheinungen uns entgegentritt.

*

Nur im Höchsten und im Gemeinsten trifft Idee und Erscheinung zusammen; auf allen mittleren Stufen des Betrachtens und Erfahrens trennen sie sich. Das Höchste ist das Anschauen des Verschiedenen als identisch; das Gemeinste ist die Tat, das aktive Verbinden des Getrennten zur Identität.

*

Was uns so sehr irremacht, wenn wir die Idee in der Erscheinung anerkennen sollen, ist, dass sie oft und gewöhnlich den Sinnen widerspricht.
Das Kopernikanische System beruht auf einer Idee, die schwer zu fassen war und noch täglich unseren Sinnen widerspricht. Wir sagen nur nach, was wir nicht erkennen noch begreifen.

*

Die Metamorphose der Pflanzen widerspricht gleichfalls unsren Sinnen.

*

Das Erhabene, durch Kenntnis nach und nach vereinzelt, tritt vor unserm Geist nicht leicht wieder zusammen, und so werden wir stufenweise um das Höchste gebracht, was uns gegönnt war, um die Einheit, die uns in vollem Maß zur Mitempfindung des Unendlichen erhebt, dagegen wir bei vermehrter Kenntnis immer kleiner werden. Da wir vorher mit dem Ganzen als Riesen standen, sehen wir uns als Zwerge gegen die Teile.

*

Es ist ein angenehmes Geschäft, die Natur zugleich und sich selbst zu erforschen, weder ihr noch seinem Geiste Gewalt anzutun, sondern beide durch gelinden Wechseleinfluss miteinander ins Gleichgewicht zu setzen.

*

Sich den Objekten in der Breite gleichstellen heißt lernen; die Objekte in ihrer Tiefe auffassen heißt erfinden.

*

Was man erfindet, tut man mit Liebe, was man gelernt hat, mit Sicherheit.

*

Was ist denn das Erfinden? Es ist der Abschluss des Gesuchten.

*

Was ist der Unterschied zwischen Axiom und Enthymem? Axiom: was wir von Haus aus, ohne Beweis anerkennen; Enthymem: was uns an viele Fälle erinnert und das zusammenknüpft, was wir schon einzeln erkannten.

*

Die Freude des ersten Gewahrwerdens, des sogenannten Entdeckens kann uns niemand nehmen. Verlangen wir aber auch Ehre davon, die kann uns sehr verkümmert werden; denn wir sind meistens nicht die ersten.

*

Was heißt auch erfinden, und wer kann sagen, dass er dies oder jenes erfunden habe? Wie es denn überhaupt, auf Priorität zu pochen, wahre Narrheit ist; denn es ist nur bewusstloser Dünkel, wenn man sich nicht redlich als Plagiarier bekennen will.

*

Mit den Ansichten, wenn sie aus der Welt verschwinden, gehen oft die Gegenstände selbst verloren. Kann man doch im höheren Sinne sagen, dass die Ansicht der Gegenstand sei.

*

Es ist vielmehr schon entdeckt, als man glaubt.
Da die Gegenstände durch die Ansichten der Menschen erst aus dem Nichts hervorgehoben werden, so kehren sie, wenn sich die Ansichten verlieren, auch wieder ins Nichts zurück: Rundung der Erde, Platos Bläue.

*

Es sind zwei Gefühle die schwersten zu überwinden: gefunden zu haben, was schon gefunden ist, und nicht gefunden zu sehen, was man hätte finden sollen.

*

Denken ist interessanter als Wissen, aber nicht als Anschauen.

*

Das Wissen beruht auf der Kenntnis des zu Unterscheidenden, die Wissenschaft auf der Anerkennung des nicht zu Unterscheidenden.

*

Das Wissen wird durch das Gewahrwerden seiner Lücken, durch das Gefühl seiner Mängel zur Wissenschaft geführt, welche vor, mit und nach allem Wissen besteht.

*

Im Wissen und Nachsinnen ist Falsches und Wahres. Wie das sich nun das Ansehn der Wissenschaft gibt, so wird's ein wahrlügenhaftes Wesen.

*

Wir würden unser Wissen nicht für Stückwerk erklären, wenn wir nicht einen Begriff von einem Ganzen hätten.

*

Die Wissenschaften so gut als die Künste bestehen in einem überlieferbaren (realen), erlernbaren Teil und in einem unüberlieferbaren (idealen), unlernbaren Teil.

*

In der Geschichte der Wissenschaften hat der ideale Teil ein anderes Verhältnis zum realen als in der übrigen Weltgeschichte.

*

Geschichte der Wissenschaften: der reale Teil sind die Phänomene, der ideale die Ansichten der Phänomene.

*

Vier Epochen der Wissenschaften:

kindliche,
poetische, abergläubische;
empirische,
forschende, neugierige;
dogmatische,
didaktische, pedantische;
ideelle,
methodische, mystische.

*

Nur die gegenwärtige Wissenschaft gehört uns an, nicht die vergangne noch die zukünftige.

Im sechzehnten Jahrhundert gehören die Wissenschaften nicht diesem oder jenem Menschen, sondern der Welt. Diese hat sie, besitzt sie pp., der Mensch ergreift nur den Reichtum.

*

Die Wissenschaften zerstören sich auf doppelte Weise selbst: durch die Breite, in die sie gehen, und durch die Tiefe, in die sie sich versenken.

*

Alles, was man (in Wissenschaften) fordert, ist so ungeheuer, dass man recht gut begreift, dass gar nichts geleistet wird.

*

Was die Wissenschaften am meisten retardiert ist, dass diejenigen, die sich damit beschäftigen, ungleiche Geister sind.

*

Der Fehler schwacher Geister ist, dass sie im Reflektieren sogleich vom Einzelnen ins Allgemeine gehen, anstatt dass man nur in der Gesamtheit das Allgemeine suchen kann.

*

In der Geschichte der Naturforschung bemerkt man durchaus, dass die Beobachter von der Erscheinung zu schnell zur Theorie hineilen und dadurch unzulänglich, hypothetisch werden.

*

Man datiert von Baco von Verulam eine Epoche der Erfahrungs-Naturwissenschaften. Ihr Weg ist jedoch durch theoretische Tendenzen oft durchschnitten und ungangbar gemacht worden. Genau besehen, kann und soll man von jedem Tag eine neue Epoche datieren.

*

Das Jahrhundert ist vorgerückt; jeder Einzelne aber fängt doch von vorne an.

*

Jeden Tag hat man Ursache, die Erfahrung aufzuklären und den Geist zu reinigen.

*

Da diejenigen, welche wissenschaftliche Versuche anstellen, selten wissen, was sie eigentlich wollen und was dabei herauskommen soll, so verfolgen sie ihren Weg meistenteils mit großem Eifer; bald aber, da eigentlich nichts Entschiedenes entstehen will, so lassen sie die Unternehmung fahren und suchen sie sogar andern verdächtig zu machen.

*

Nachdem man in der zweiten Hälfte des siebzehnten Jahrhunderts dem Mikroskop so unendlich viel schuldig geworden war, so suchte man zu Anfang des achtzehnten Jahrhunderts dasselbe geringschätzig zu behandeln.

*

Nachdem man in der neuern Zeit die meteorologischen Beobachtungen auf den höchsten Grad der Genauigkeit getrieben hatte, so will man sie nunmehr aus den nördlichen Gegenden verbannen und will sie nur dem Beobachter unter den Tropen zugestehen.

*

Ward man doch auch des Sexualsystems, das, im höheren Sinne genommen, so großen Wert hat, überdrüssig und wollt es verbannt wissen! Geht es doch mit der alten Kunstgeschichte ebenso, in der man seit fünfzig Jahren sich gewissenhaft zu üben und die Unterschiede der aufeinanderfolgenden Zeiten einzusehen sich auf das Genauste bestrebt hat! Das soll nun alles vergebens gewesen und alles Aufeinanderfolgende als identisch und ununterscheidbar anzusehen sein.

*

Nach unserm Rat bleibe jeder auf dem eingeschlagenen Wege und lasse sich ja nicht durch Autorität imponieren durch allgemeine Übereinstimmung bedrängen und durch Mode hinreißen.

*

Autorität: Ohne sie kann der Mensch nicht existieren, und doch bringt sie ebenso viel Irrtum als Wahrheit mit sich. Sie verewigt im Einzelnen, was einzeln vorübergehen sollte, lehnt ab und lässt vorübergehen, was festgehalten werden sollte, und ist hauptsächlich Ursache, dass die Menschheit nicht vom Flecke kommt.

*

Der gemeine Wissenschaftler hält alles für überlieferbar und fühlt nicht, dass die Niedrigkeit seiner Ansichten ihm sogar das eigentlich Überlieferbare nicht fassen lässt.

*

Das Unzulängliche widerstrebt mehr, als man denken sollte, dem Auslangenden.

*

Vor zwei Dingen kann man sich nicht genug in Acht nehmen: beschränkt man sich in seinem Fache, vor Starrsinn, tritt man heraus, vor Unzulänglichkeit.

*

Wenn in Wissenschaften alte Leute retardieren, so retrogradieren junge. Alte leugnen die Vorschritte, wenn sie nicht mit ihren früheren Ideen zusammenhängen; junge, wenn sie der Idee nicht gewachsen sind und doch auch etwas Außerordentliches leisten möchten.

*

Es ist ihnen wohl Ernst, aber sie wissen nicht, was sie mit dem Ernst machen sollen.

*

Von dem, was sie verstehen, wollen sie nichts wissen.

*

In Neuyork sind neunzig verschiedene christliche Konfessionen, von welchen jede auf ihre Art Gott und den Herrn bekennt, ohne weiter aneinander irre zu werden. In der Naturforschung, ja in jeder Forschung müssen wir es so weit bringen; denn was will das heißen, dass jedermann von Liberalität spricht und den andern hindern will, nach seiner Weise zu denken und sich auszusprechen?

*

Alle Individuen und, wenn sie tüchtig sind und auf andre wirken, ihre Schulen sehen das *Problematische* in den Wissenschaften als etwas an, wofür oder wogegen man streiten soll, eben als wenn es eine andre Lebenspartei wäre, anstatt dass das Wissenschaftliche eine Auflösung, Ausgleichung oder eine Aufstellung unausgleichbarer Antinomien fordert. In diesem Falle ist auch Aguillonius.

*

Wenn Jemand spricht, er habe mich widerlegt, so bedenkt er nicht, dass er nur eine Ansicht der meinigen entgegen aufstellt; dadurch ist ja noch nichts ausgemacht. Ein Dritter hat eben das Recht, und so ins Unendliche fort.

*

Bei wissenschaftlichen Streitigkeiten nehme man sich in Acht, die Probleme nicht zu vermehren.

*

In Wissenschaften, sowie auch sonst, wenn man sich über das Ganze verbreiten will, bleibt zur Vollständigkeit am Ende nichts übrig, als Wahrheit für Irrtum, Irrtum für Wahrheit gelten zu machen. Er kann nicht alles selbst untersuchen, muss sich an Überlieferung halten und, wenn er ein Amt haben will, den Meinungen seiner Gönner frönen. Mögen sich die sämtlichen akademischen Lehrer hiernach prüfen!

*

Das wäre wohl der werteste Professor der Physik, der die Nichtigkeit seines Kompendiums und seiner Figuren, gegen die Natur und gegen die höheren Forderungen des Geists gehalten, durchaus zur Anschauung bringen könnte.

*

Nicht alles Wünschenswerte ist erreichbar, nicht alles Erkennenswerte erkennbar.

*

Derjenige, der sich mit Einsicht für beschränkt erklärt, ist der Vollkommenheit am nächsten.

*

Die Menschen, da sie zum Notwendigen nicht hinreichen, bemühen sich ums Unnütze.

*

Das Tier wird durch seine Organe belehrt; der Mensch belehrt die seinigen und beherrscht sie.

*

Anaxagoras lehrt, dass alle Tiere die tätige Vernunft haben, aber nicht die leidende, die gleichsam der Dolmetscher des Verstandes ist.

*

Die Alten vergleichen die Hand der Vernunft.
Die Vernunft ist die Kunst der Künste, die Hand die Technik alles Handwerks.

*

Die Sinne trügen nicht, das Urteil trügt.

*

Der Mensch ist genugsam ausgestattet zu allen wahren irdischen Bedürfnissen, wenn er seinen Sinnen traut und sie dergestalt ausbildet, dass sie des Vertrauens wert bleiben.

*

Man leugnet dem Gesicht nicht ab, dass es die Entfernung der Gegenstände, die sich neben- und übereinander befinden, zu schätzen wisse; das Hintereinander will man nicht gleichmäßig zugestehen.

Und doch ist dem Menschen, der nicht stationär, sondern beweglich gedacht wird, hierin die sicherste Lehre durch Parallaxe verliehen.

Die Lehre von dem Gebrauch der korrespondierenden Winkel ist, genau besehen, darin eingeschlossen.

*

Kant beschränkt sich mit Vorsatz in einen gewissen Kreis und deutet ironisch immer darüber hinaus.

*

Man hat sich lange mit der Kritik der Vernunft beschäftigt; ich wünschte eine Kritik des Menschenverstandes. Es wäre eine wahre Wohltat fürs Menschengeschlecht, wenn man dem Gemeinverstand bis zur Überzeugung nachweisen könnte, wie weit er reichen kann, und das ist gerade so viel, als er zum Erdenleben vollkommen bedarf.

*

Genau besehen, ist alle Philosophie nur der Menschenverstand in amphigurischer Sprache.

*

Der Menschenverstand, der eigentlichst aufs Praktische angewiesen ist, irrt nur alsdann, wenn er sich an die Auflösung höherer Probleme wagt; dagegen weiß aber auch eine höhere Theorie sich selten in den Kreis zu finden, wo jener wirkt und west.

*

Die Dialektik ist die Ausbildung des Widersprechungsgeistes, welcher dem Menschen gegeben, damit er den Unterschied der Dinge erkennen lerne.

*

Eine tätige Skepsis: welche unablässig bemüht ist, sich selbst zu überwinden, um durch geregelte Erfahrung zu einer Art von bedingter Zuverlässigkeit zu gelangen.

*

Das Allgemeine eines solchen Geistes ist die Tendenz: zu erforschen, ob irgendeinem Objekt irgendein Prädikat wirklich zukomme, und geschieht diese Untersuchung in der Absicht, das als geprüft Gefundene *in praxi* mit Sicherheit anwenden zu können.

*

Der lebendige begabte Geist, sich in praktischer Absicht ans Allernächste haltend, ist das Vorzüglichste auf Erden.

*

Je weiter man in der Erfahrung fortrückt, desto näher kommt man dem Unerforschlichen; je mehr man die Erfahrung zu nutzen weiß, desto mehr sieht man, dass das Unerforschliche keinen praktischen Nutzen hat.

*

Das schönste Glück des denkenden Menschen ist, das Erforschliche erforscht zu haben und das Unerforschliche ruhig zu verehren.

*

Wir leben innerhalb der abgeleiteten Erscheinungen und wissen keineswegs, wie wir zur Urfrage gelangen sollen.

*

Alles ist einfacher, als man denken kann, zugleich verschränkter, als zu begreifen ist.

*

Es ist das Eigne zu bemerken, dass der Mensch sich mit dem einfachen Erkennbaren nicht begnügt, sondern auf die verwickelteren Probleme losgeht, die er vielleicht nie erfassen wird.

Jenes einfache Fassliche ist durchaus anwendbar und nützlich und kann uns ein ganzes Leben durch beschäftigen, wenn es uns genügt und belebt.

*

Man erkundige sich ums Phänomen, nehme es so genau damit als möglich und sehe, wie weit man in der Einsicht und in praktischer Anwendung damit kommen kann, und lasse das Problem ruhig liegen. Umgekehrt handeln die Physiker: Sie gehen gerade aufs Problem los und verwickeln sich unterwegs in so viel Schwierigkeiten, dass ihnen zuletzt jede Aussicht verschwindet.

*

Deshalb hat die Petersburger Akademie auf ihre Preisfrage keine Antwort erhalten; auch der verlängerte Termin wird nichts helfen. Sie sollte jetzt den Preis verdoppeln und ihn demjenigen versprechen, der sehr klar und deutlich vor Augen legte, warum keine Antwort eingegangen ist und warum sie nicht erfolgen konnte. Wer dies vermöchte, hätte jeden Preis wohl verdient.

*

Schon jetzt erklären die Meister der Naturwissenschaften die Notwendigkeit monographischer Behandlung und also des Interesse an Einzelnheiten. Dies aber ist nicht denkbar ohne eine Methode, die das Interesse an der Gesamtheit offenbart; hat man das erlangt, so braucht man freilich nicht in Millionen Einzelnheiten umherzutasten.

*

Zur Methode wird nur der getrieben, dem die Empirie lästig wird.

*

Cartesius schrieb sein Buch *De Methodo* einige Male um, und wie es jetzt liegt, kann es uns doch nichts helfen. Jeder, der eine Zeitlang auf dem redlichen Forschen verharrt, muss seine Methode irgendeinmal umändern.

*

Das neunzehnte Jahrhundert hat alle Ursache, hierauf zu achten.

*

So ganz leere Worte wie die von der Dekomposition und Polarisation des Lichts müssen aus der Physik hinaus, wenn etwas aus ihr werden soll. Doch wäre es möglich, ja es ist wahrscheinlich, dass diese Gespenster noch bis in die zweite Hälfte des Jahrhunderts hinüberspuken.

*

Man nehme das nicht übel. Eben dasjenige, was niemand zugibt, niemand hören will, muss desto öfter wiederholt werden.

*

Wer das Falsche verteidigen will, hat alle Ursache, leise aufzutreten und sich zu einer feinen Lebensart zu bekennen. Wer das Recht auf seiner Seite fühlt, muss derb auftreten: ein höfliches Recht will gar nichts heißen.

*

Zum Ergreifen der Wahrheit braucht es ein viel höheres Organ als zur Verteidigung des Irrtums.

*

Alle Hypothesen hindern den ‚ Αναϑεωρισμοσ' das Wiederbeschauen, das Betrachten der Gegenstände, der fraglichen Erscheinungen von allen Seiten.

*

Hypothesen sind Gerüste, die man vor dem Gebäude aufführt und die man abträgt, wenn das Gebäude fertig ist. Sie sind dem Arbeiter unentbehrlich; nur muss er das Gerüste nicht für das Gebäude ansehen.

*

Wenn man den menschlichen Geist von einer Hypothese befreit, die ihn unnötig einschränkte, die ihn zwang, falsch oder halb zu sehen, falsch zu kombinieren, anstatt zu schauen zu grübeln, anstatt zu urteilen zu sophistisieren, so hat man ihm schon einen großen Dienst erzeigt. Er sieht die Phänomene freier, in anderen Verhältnissen und Verbindungen an, er ordnet sie nach seiner Weise, und er erhält wieder die Gelegenheit, selbst und auf seine Weise zu irren, eine Gelegenheit, die unschätzbar ist, wenn er in der Folge bald dazu gelangt, seinen Irrtum selbst wieder einzusehen.

*

Die Erscheinung ist vom Beobachter nicht losgelöst, vielmehr in die Individualität desselben verschlungen und verwickelt.

*

Aus dem Größten wie aus dem Kleinsten – nur durch künstlichste Mittel dem Menschen zu vergegenwärtigen – geht die Metaphysik der Erscheinungen hervor; in der Mitte liegt das Besondere, unsern Sinnen Angemessene, worauf ich angewiesen bin, deshalb aber die Begabten von Herzen segne, die jene Regionen zu mir heranbringen.

*

Wer kann sagen, dass er eine Neigung zur reinen Erfahrung habe? Was Baco dringend empfohlen hatte, glaubte jeder zu tun, und wem gelang es?

*

Wer ein Phänomen vor Augen hat, denkt schon oft drüber hinaus; wer nur davon erzählen hört, denkt gar nichts.

*

Die Phänomene sind nichts wert, als wenn sie uns eine tiefere, reichere Einsicht in die Natur gewähren oder wenn sie uns zum Nutzen anzuwenden sind.

*

Die Konstanz der Phänomene ist allein bedeutend; was wir dabei denken, ist ganz einerlei.

*

Kein Phänomen erklärt sich an und aus sich selbst; nur viele, zusammen überschaut, methodisch geordnet, geben zuletzt etwas, das für Theorie gelten könnte.

*

Theorie und Erfahrung/Phänomen stehen gegeneinander in beständigem Konflikt. Alle Vereinigung in der Reflexion ist eine Täuschung; nur durch Handeln können sie vereinigt werden.

*

Etwas Theoretisches populär zu machen, muss man es absurd darstellen. Man muss es erst selbst ins Praktische einführen, dann gilt's für alle Welt.

*

Man sagt gar gehörig: das Phänomen ist eine Folge ohne Grund, eine Wirkung ohne Ursache. Es fällt dem Menschen so schwer, Grund und Ursache zu finden, weil sie so einfach sind, dass sie sich dem Blick verbergen.

*

Der denkende Mensch irrt besonders, wenn er sich nach Ursache und Wirkung erkundigt: sie beide zusammen machen das unteilbare Phänomen. Wer das zu erkennen weiß, ist auf dem rechten Wege zum Tun, zur Tat.

*

Das genetische Verfahren leitet uns schon auf bessere Wege, ob man gleich damit auch nicht ausreicht.

*

Der eingeborenste Begriff, der notwendigste, von *Ursache* und *Wirkung* wird in der Anwendung die Veranlassung zu unzähligen, sich immer wiederholenden Irrtümern.

*

Ein großer Fehler, den wir begehen, ist, die Ursache der Wirkung immer nahe zu denken wie die Sehne dem Pfeil, den sie fortschnellt, und doch können wir ihn nicht vermeiden, weil Ursache und Wirkung immer zusammengedacht und also im Geiste angenähert werden.

*

Die nächsten fasslichen Ursachen sind greiflich und eben deshalb am begreiflichsten; weswegen wir uns gern als mechanisch denken, was höherer Art ist.

*

Indem wir der Einbildungskraft zumuten, das Entstehen statt des Entstandenen, der Vernunft, die Ursache statt der Wirkung zu reproduzieren und auszusprechen, so haben wir zwar beinahe nichts getan, weil es nur ein Umsetzen der Anschauung/ Vorstellung ist, aber genug für den Menschen, der vielleicht im Verhältnis zur/gegen die Außenwelt nicht mehr leisten kann.

*

Es gibt jetzt eine böse Art, in den Wissenschaften abstrus zu sein: man entfernt sich vom gemeinen Sinne, ohne einen höheren aufzuschließen, transzendiert, phantasiert, fürchtet lebendiges Anschauen, und wenn man zuletzt ins Praktische will und muss, wird man auf einmal atomistisch und mechanisch.

*

Der Granit verwittert auch sehr gern in Kugel- und Eiform; man hat daher keineswegs nötig, die in Norddeutschland häufig gefundenen Blöcke solcher Gestalten wegen als im Wasser hin- und hergeschoben und durch Stoßen und Wälzen enteckt und entkantet zu denken.

*

Fall und Stoß: dadurch die Bewegung der Weltkörper erklären zu wollen, ist eigentlich ein versteckter Anthropomorphismus; es ist des Wanderers Gang über Feld. Der aufgehobene Fuß sinkt nieder, der zurückgebliebene strebt vorwärts und fällt, und immer so fort vom Ausgehen bis zum Ankommen.

*

Wie wäre es, wenn man auf demselben Wege den Vergleich von dem Schrittschuhfahren hernähme, wo das Vorwärtsdringen dem zurückbleibenden Fuße obliegt, indem er zugleich die Obliegenheit übernimmt, noch eine solche Anregung zu geben, dass sein nunmehriger Hintermann auch wieder eine Zeitlang sich vorwärts zu bewegen die Bestimmung erhält?

*

Das Zurückführen der Wirkung auf die Ursache ist bloß ein historisches Verfahren, zum Beispiel die Wirkung, dass ein Mensch getötet, auf die Ursache der losgefeuerten Büchse.

*

Induktion habe ich zu stillen Forschungen bei mir selbst nie gebraucht, weil ich zeitig genug deren Gefahr empfand.

Dagegen aber ist mir's unerträglich, wenn ein anderer sie gegen mich brauchen, mich durch eine Art Treibjagen mürbe machen und in die Enge schließen will.

*

Mitteilung durch Analogien halt ich für so nützlich als angenehm: der analoge Fall will sich nicht aufdringen, nichts beweisen; er stellt sich einem andern entgegen, ohne sich mit ihm zu verbinden. Mehrere analoge Fälle vereinigen sich nicht zu geschlossenen Reihen, sie sind wie gute Gesellschaft, die immer mehr anregt als gibt.

*

Irren heißt, sich in einem Zustande befinden, als wenn das Wahre gar nicht wäre; den Irrtum sich und andern entdecken, heißt rückwärts erfinden.

*

Die Kreise des Wahren berühren sich unmittelbar; aber in den Intermundien hat der Irrtum Raum genug, sich zu ergehen und zu walten.

*

Die Natur bekümmert sich nicht um irgendeinen Irrtum; sie selbst kann nicht anders als ewig recht handeln, unbekümmert, was daraus erfolgen möge.

*

Die Natur füllt mit ihrer grenzenlosen Produktivität alle Räume. Betrachten wir nur bloß unsre Erde: Alles, was wir bös, unglücklich nennen, kommt daher, dass sie nicht allem Entstehenden Raum geben, noch weniger ihm Dauer verleihen kann.

*

Alles, was entsteht, sucht sich Raum und will Dauer; deswegen verdrängt es ein anderes vom Platz und verkürzt seine Dauer.

*

Das Lebendige hat die Gabe, sich nach den vielfältigsten Bedingungen äußerer Einflüsse zu bequemen und doch eine gewisse errungene entschiedene Selbständigkeit nicht aufzugeben.

*

Man gedenke der leichten Erregbarkeit aller Wesen, wie der mindeste Wechsel einer Bedingung, jeder Hauch gleich in den Körpern Polarität manifestiert, die eigentlich in ihnen allen schlummert.

*

Spannung ist der indifferent scheinende Zustand eines energischen Wesens in völliger Bereitschaft, sich zu manifestieren, zu differenzieren, zu polarisieren.

*

Die Vögel sind ganz späte Erzeugnisse der Natur.

*

Natur hat zu nichts gesetzmäßige Fähigkeit, was sie nicht gelegentlich ausführte und zutage brächte.

*

Nicht allein der freie Stoff, sondern auch das Derbe und Dichte drängt sich zur Gestalt: ganze Massen sind von Natur und Grund aus kristallinisch; in einer gleichgültigen, formlosen Masse entsteht durch stöchiometrische Annäherung und Übereinandergreifen die porphyrartige Erscheinung, welche durch alle Formationen durchgeht.

*

Die schönste Metamorphose des unorganischen Reiches ist, wenn beim Entstehen das Amorphe sich ins Gestaltete verwandelt. Jede Masse hat hierzu Trieb und Recht. Der Glimmerschiefer verwandelt sich in Granaten und bildet oft Gebirgsmassen, in denen der Glimmer beinahe ganz aufgehoben ist und nur als geringes Bindungsmittel sich zwischen jenen Kristallen befindet.

*

Die Mineralienhändler beklagen sich, dass sich Liebhaberei zu ihrer Ware in Deutschland vermindere, und geben der eindringlichen Kristallographie die Schuld. Es mag sein; jedoch in einiger Zeit wird gerade das Bestreben, die Gestalt genauer zu erkennen, auch den Handel wieder beleben, ja gewisse Exemplare kostbarer machen.

*

Kristallographie sowie Stöchiometrie vollendet auch den Oryktognosten; ich aber finde, dass man seit einiger Zeit in der Lehrmethode geirrt hat. Lehrbücher zu Vorlesungen und zugleich zum Selbstgebrauch, vielleicht gar als Teile zu einer wissenschaftlichen Enzyklopädie sind nicht zu billigen; der Verleger kann sie bestellen, der Schüler nicht wünschen.

*

Lehrbücher sollen anlockend sein; das werden sie nur, wenn sie die heiterste, zugänglichste Seite des Wissens und der Wissenschaft hinbieten.

*

Alle Männer vom Fach sind darin sehr übel dran, dass ihnen nicht erlaubt ist, das Unnütze zu ignorieren.

*

Wir gestehen lieber unsre moralischen Irrtümer, Fehler und Gebrechen als unsre wissenschaftlichen.

Das kommt daher, weil das Gewissen demütig ist und sich sogar in der Beschämung gefällt; der Verstand aber ist hochmütig, und ein abgenötigter Widerruf bringt ihn in Verzweiflung.

*

Daher kommt, dass offenbarte Wahrheiten erst im Stillen zugestanden werden, sich nach und nach verbreiten, bis dasjenige, was man hartnäckig geleugnet hat, endlich als etwas ganz Natürliches erscheinen mag.

*

Unwissende werfen Fragen auf, welche von Wissenden vor tausend Jahren schon beantwortet sind.

*

Bei Erweitung des Wissens macht sich von Zeit zu Zeit eine Umordnung nötig; sie geschieht meistens nach neueren Maximen, bleibt aber immer provisorisch.

*

Männer vom Fach bleiben im Zusammenhange; dem Liebhaber dagegen wird es schwerer, wenn er die Notwendigkeit fühlt, nachzufolgen.

Deswegen sind Bücher willkommen, die uns sowohl das neu empirisch Aufgefundene als die neubeliebten Methoden darlegen.

In der Mineralogie ist dies höchst nötig, wo die Kristallographie so große Forderungen macht und wo die Chemie das Einzelne näher zu bestimmen und das Ganze zu ordnen unternimmt. Zwei willkommene: Leonhard und Cleaveland.

*

Wenn wir das, was wir wissen, nach anderer Methode oder wohl gar in fremder Sprache dargelegt finden, so erhält es einen sonderbaren Reiz der Neuheit und frischen Ansehens.

*

Wenn zwei Meister derselben Kunst in ihrem Vortrag voneinander differieren, so liegt wahrscheinlicher weise das unauflösliche Problem in der Mitte zwischen beiden.

*

Die *Geognosie* des Herren d'Aubuisson de Voisins, übersetzt vom Herrn Wiemann, wie sie mir zu Händen kommt, fördert mich in diesem Augenblicke auf vielfache Weise, ob sie mich gleich im Hauptsinne betrübt, denn hier ist die Geognosie, welche doch eigentlich auf der lebendigen Ansicht der Weltoberfläche ruhen sollte, aller Anschauung beraubt und nicht einmal in Begriffe verwandelt, sondern auf Nomenklatur zurückgeführt, in welcher letzten Rücksicht sie freilich einem jeden und auch mir förderlich und nützlich ist.

*

Das Große, Überkolossale der Natur eignet man so leicht sich nicht an; denn wir haben nicht reine Verkleinerungsgläser, wie wir Linsen haben, um das unendlich Kleine zu gewahren. Und da muss man doch noch Augen haben wie Carus und Nees, wenn dem Geiste Vorteil entstehen soll.
Da jedoch die Natur im Größten wie im Kleinsten sich immer gleich ist und eine jede trübe Scheibe so gut die schöne Bläue darstellt wie die ganze weltüberwölkende Atmosphäre, so find ich es geraten, auf Musterstücke aufmerksam zu sein und sie vor mir zusammenzulegen. Hier nun ist das Ungeheure nicht verkleinert, sondern im Kleinen, und ebenso unbegreiflich als im Unendlichen.

*

Wenn in der Mathematik der menschliche Geist seine Selbständigkeit und unabhängige Tätigkeit gewahr wird und dieser ohne weitere Rücksicht ins Unendliche zu folgen sich geneigt fühlt, so flößt er zugleich der Erfahrungswelt ein solches Zutrauen ein, dass sie es an gelegentlichen Aufforderungen nicht fehlen lässt. Astronomie, Mechanik, Schiffsbau, Festungsbau, Artillerie, Spiel, Wasserleitung, Schnitt der Bausteine, Verbesserung der Fernröhre riefen in der zweiten Hälfte des siebzehnten Jahrhunderts die Mathematik wechselweise zu Hilfe.

*

Die Mathematiker sind wunderliche Leute; durch das Große, was sie leisteten, haben sie sich zur Universalgilde aufgeworfen und wollen nichts anerkennen, als was in ihren Kreis passt, was ihr Organ behandeln kann. Einer der ersten Mathematiker sagte bei Gelegenheit, da man ihm ein physisches Kapitel andringlich empfehlen wollte: »Aber lässt sich denn gar nichts auf den Kalkül reduzieren?«

Falsche Vorstellung, dass man ein Phänomen durch Kalkül oder durch Worte abtun und beseitigen könne.

*

Die Mathematiker sind eine Art Franzosen: redet man zu ihnen, so übersetzen sie es in ihre Sprache, und dann ist es also bald ganz etwas anders.

*

Es folgt eben gar nicht, dass der Jäger, der das Wild erlegt, auch zugleich der Koch sein müsse, der es zubereitet. Zufälligerweise kann ein Koch mit auf die Jagd gehen und gut schießen; er würde aber einen bösen Fehlschluss tun, wenn er behauptete, um gut zu schießen, müsse man Koch sein. So kommen mir die Mathematiker vor, die behaupten, dass man in physischen Dingen nichts sehen, nichts finden könne, ohne Mathematiker zu sein, da sie doch immer zufrieden sein könnten, wenn man ihnen in die Küche bringt, das sie mit Formeln spicken und nach Belieben zurichten können.

*

Wir müssen erkennen und bekennen, was Mathematik sei, wozu sie der Naturforschung wesentlich dienen könne, wo hingegen sie nicht hingehöre und in welche klägliche Abirrung Wissenschaft und Kunst durch falsche Anwendung seit ihrer Regeneration geraten sei.

*

Die große Aufgabe wäre, die mathematisch-philosophischen Theorien aus den Teilen der Physik zu verbannen, in welchen sie Erkenntnis, anstatt sie zu fördern, nur verhindern und in welchen die mathematische Behandlung durch Einseitigkeit der Entwicklung der neuern wissenschaftlichen Bildung eine so verkehrte Anwendung gefunden hat.

*

Darzutun wäre, welches der wahre Weg der Naturforschung sei: wie derselbe auf dem einfachsten Fortgange der Beobachtung beruhe, die Beobachtung zum Versuch zu steigern sei und wie dieser endlich zum Resultat führe.

*

Tycho de Brahe, ein großer Mathematiker, vermochte sich nur halb von dem alten System loszulösen, das wenigstens den Sinnen gemäß war, das er aber aus Rechthaberei durch ein kompliziertes Uhrwerk ersetzen wollte, das weder den Sinnen zu schauen noch den Gedanken zu erreichen war.

*

Newton als Mathematiker steht in so hohem Ruf, dass der ungeschickteste Irrtum, nämlich das klare, reine, ewig ungetrübte Licht sei aus dunklen Lichtern zusammengesetzt, bis auf den heutigen Tag sich erhalten hat, und sind es nicht Mathematiker, die dieses Absurde noch immer verteidigen und gleich dem gemeinsten Hörer in Worten wiederholen, bei denen man nichts denken kann?

*

Der Mathematiker ist angewiesen aufs Quantitative, auf alles, was sich durch Zahl und Maß bestimmen lässt, und also gewissermaßen auf das äußerlich erkennbare Universum. Betrachten wir aber dieses, insofern uns Fähigkeit gegeben ist, mit vollem Geiste und aus allen Kräften, so erkennen wir, dass Quantität und *Qualität* als die zwei Pole des erscheinenden Daseins gelten müssen; daher denn auch der Mathematiker seine Formelsprache so hoch steigert, um, insofern es möglich, in der messbaren und zählbaren Welt die unmessbare mitzubegreifen. Nun erscheint ihm alles greifbar, fasslich und mechanisch, und er kommt in den Verdacht eines heimlichen Atheismus, indem er ja das Unmessbarste, welches wir Gott nennen, zugleich mitzuerfassen glaubt und daher dessen besonderes oder vorzügliches Dasein aufzugeben scheint.

*

Der Sprache liegt zwar die Verstandes- und Vernunftsfähigkeit des Menschen zum Grunde, aber sie setzt bei dem, der sich ihrer bedient, nicht eben reinen Verstand, ausgebildete Vernunft, redlichen Willen voraus. Sie ist ein Werkzeug, zweckmäßig und willkürlich zu gebrauchen; man kann sie ebenso gut zu einer spitzfindig-verwirrenden Dialektik wie zu einer verworren-verdüsternden Mystik verwenden, man missbraucht sie bequem zu hohlen und nichtigen prosaischen und poetischen Phrasen, ja man versucht, prosodisch untadelhafte und doch nonsensikalische Verse zu machen.

Unser Freund, der Ritter Ciccolini, sagt: »Ich wünschte wohl, dass alle Mathematiker in ihren Schriften des Genies und der Klarheit eines La Grange sich bedienten«, das heißt: möchten doch alle den gründlich-klaren Sinn eines La Grange besitzen und mit solchem Wissen und Wissenschaft behandeln!

*

Der Newtonische Versuch, auf dem die herkömmliche Farbenlehre beruht, ist von der vielfachsten Komplikation; er verknüpft folgende Bedingungen.
Damit das Gespenst erscheine, ist nötig:

1. ein gläsern Prisma;
2. dieses dreiseitig,
3. klein;
4. ein Fensterladen;
5. eine Öffnung darin;
6. diese sehr klein;
7. Sonnenbild, das hereinfällt;
8. in einer gewissen Entfernung, in einer
9. gewissen Richtung aufs Prisma fällt;
10. sich auf einer Tafel abbildet,
11. die in einer gewissen Entfernung hinter das Prisma gestellt ist.

*

Nehme man von diesen Bedingungen 3., 6. und 11. weg: man mache die Öffnung groß, man nehme ein großes Prisma, man stelle die Tafel nah heran, und das beliebte Spektrum kann und wird nicht zum Vorschein kommen.

Man spricht geheimnisvoll von einem wichtigen Experimente, womit man die Lehre erst recht befestigen will; ich kenn es recht gut und kann es auch darstellen: Das ganze Kunststück ist, dass zu obigen Bedingungen noch ein paar hinzugefügt werden, wodurch das Hokuspokus sich noch mehr verwickelt.

Der Fraunhoferische Versuch, wo Querlinien im Spektrum erscheinen, ist von derselben Art, so wie auch die Versuche, wodurch eine neue Eigenschaft des Lichts entdeckt werden soll. Sie sind doppelt und dreifach kompliziert; wenn sie was nützen sollten, müssten sie in ihre Elemente zerlegt werden, welches dem Wissenden nicht schwerfällt, welches aber zu fassen und zu begreifen kein Laie weder Vorkenntnis noch Geduld, kein Gegner weder Intention noch Redlichkeit genug mitbringt: Man nimmt lieber überhaupt an, was man sieht, und zieht die alte Schlussfolge daraus.

Ich weiß wohl, dass diese Worte vergebens dastehen; aber sie mögen als offenbares Geheimnis der Zukunft bewahrt bleiben. Vielleicht interessiert sich auch noch einmal ein La Grange für diese Angelegenheit.

*

Da seit einiger Zeit meiner *Farbenlehre* mehr nachgefragt wird, machen sich frisch illuminierte Tafeln nötig. Indem ich nun dieses kleine Geschäft besorge, muss ich lächeln, welche unsägliche Mühe ich mir gegeben, das Vernünftige sowohl als das Absurde palpabel zu machen. Nach und nach wird man beides erfassen und anerkennen.

*

Der Newtonische Irrtum steht so nett im Konversationslexikon, dass man die Oktavseite nur auswendig lernen darf, um die Farbe fürs ganze Leben los zu sein.

*

Der Kampf mit Newton geht eigentlich in einer sehr niederen Region vor. Man bestreitet ein schlecht gesehenes, schlecht entwickeltes, schlecht angewendetes, schlecht theoretisiertes Phänomen. Man beschuldigt ihn in den früheren Versuchen einer Unvorsichtigkeit, in den folgenden einer Absichtlichkeit, beim Theoretisieren der Übereilung, beim Verteidigen der Hartnäckigkeit und im ganzen einer halb bewusstlosen, halb bewussten Unredlichkeit.

*

Hundert graue Pferde machen nicht einen einzigen Schimmel.

*

Diejenigen, die das einzige grundklare Licht aus farbigen Lichtern zusammensetzen, sind die eigentlichen Obskuranten.

*

Wer sich an eine falsche Vorstellung gewöhnt, dem wird jeder Irrtum willkommen sein.

Deswegen sagte man ganz richtig: »Wer die Menschen betrügen will, muss vor allen Dingen das Absurde plausibel machen.«

*

Licht und Geist, jenes im Physischen, dieser im Sittlichen herrschend, sind die höchsten denkbaren unteilbaren Energien.

*

Ich habe nichts dagegen, wenn man die Farbe sogar zu fühlen glaubt; ihr eigenes Eigenschaftliche würde nur dadurch noch mehr betätigt.

Auch zu schmecken ist sie. Blau wird alkalisch, Gelbrot sauer schmecken. Alle Manifestationen der Wesenheiten sind verwandt.

Und gehört die Farbe nicht ganz eigentlich dem Gesicht an?

Skizziertes. Zweifelhaftes. Unvollständiges

Religion: Alte;
Poesie: Religion der Jugend.

*

Die Natur ist immer Jehovah.
Was sie ist, was sie war, und was sie sein wird.

*

Dass Christus auf eine Hamletische Weise zugrunde ging, und schlimmer, weil er Menschen um sich berief, die er fallenließ, da Hamlet bloß als Individuum perierte.

*

Anthropomorphism,
Erotomorphism.

Dass er alles, was auch vorgeht, in sittlich-sinnlich Gefühl auflöst und verwandelt.

*

Reine Naturgesinnung in fremdem Zustande.

Je reiner die Gesinnung, desto weniger Bedürfnis des Zustandes.

Je komplizierter, interessanter für sich selbst der Zustand ist, so gibt er unsern Gesinnungen das Gesetz.

*

Der grenzenlose Verstand, dem jeder Verstand zusagt, dem die Vernunft nichts anhaben kann, wenn auch das Gefühl nicht immer beistimmt.

*

Stetigkeit
(als) mit (und doch)
Gegensatz.

*

Es ist nicht wahr, dass das Leben ein Traum sei; nur dem scheint es so, der

auf eine alberne Weise ruhet,
auf die ungeschickteste Weise verletzt.

*

Man hat den Epikur, der ein armer Hund war wie ich, sehr missverstanden, wenn er das Höchste in die Schmerzlosigkeit legte.

*

Besonderes Vergnügen, sich mit Personen, die man liebt, über Dinge zu erklären und weitläufig zu sein, Empfinden rege zu machen, wenn man gleich weiß, dass, was man sagt, nicht wahr ist.

*

Die Menschen wundern sich, dass ich es besser weiß wie sie, und es ist kein Wunder: sie halten sehr oft für falsch, was ich denke.

*

Man muss nicht fürchten, überstimmt zu werden, wenn uns widersprochen wird.

*

Menschen, die ihre Kenntnisse an die Stelle der Einsicht setzen. (Junge Leute.)

*

Das Falsche (der Irrtum) ist meistens der Schwäche bequemer.

*

Wenn sie wüssten, wo das liegt, was sie suchen, so suchten sie ja nicht.

*

Die Güte des Herzens nimmt einen weiteren Raum ein als der Gerechtigkeit geräumiges Feld.

*

Je uneigennütziger der Mensch ist, desto mehr ist der ...unterworfen den Eigennützigen.

Das, was man für sie tut, ist nicht genug, das, was man für sie getan hat, ist nichts: die ganze Existenz, die man ihnen geschaffen hat, nehmen sie von Gottes Gnaden, und so ist man, als wenn man nicht wäre, nicht gewesen wäre.

*

In weltlichen Dingen sind nur zu betrachten die Mittel und der Gebrauch.

*

Rasches Vorschreiten zum Zweck, ohne die Mittel zu bedenken.

Als wenn man, um dem Sohn, der in der Wiege liegt, beizeiten Vorteil zu bringen, den Vater totschlagen wollte.

*

Gedankenlosigkeit, die uns den Wert des Augenblicks verkennen lässt.

*

Charakter, der, dargestellt, kein Bild, pragmatisiert, kein Resultat gibt.

*

Drei Dinge werden nicht eher erkannt als zu gewisser Zeit:

ein Held im Kriege,
ein weiser Mann im Zorn,
ein Freund in der Not.

*

Drei Klassen von Narren:
die Männer aus Hochmut,
die Mädchen aus Liebe,
die Frauen aus Eifersucht.

*

Toll ist:
wer Toren belehrt,
Weisen widerredet,
von hohlen Reden bewegt wird,
Huren glaubt,
Geheimnisse Unsichern vertraut.

*

Wer muss Langmut üben?
Der große Tat vorhat,
bergan steigt,
Fische speist.

*

Jüdisches Wesen:
Energie der Grund von allem.

*

Unmittelbare Zwecke.

Keiner, auch nur der kleinste, geringste Jude, der nicht entschiedenes Bestreben verriete, und zwar ein irdisches, zeitliches, augenblickliches.

Judensprache hat etwas Pathetisches.

*

Ein Deutscher war schon absurd, solang er hoffte; da er nun überwunden war, so war gar nicht mehr mit ihm zu leben.

*

Vorschlag zu einem polemischen Purism in Schulen.

*

Stoffartige Hülfe, die sich die Poesie der letzten Zeit gibt durch bedeutende Motive, Religion und Ritterwesen.

*

Beispiele, wie sich die Menschen über das Unerwartete, ja Unerträgliche durch poetische Formen begütigen:
empirisch erscheinende absolute Gewalt
»Oberon«, »Blaubart«.

*

Identität rasenden Enthusiasmus' und unbarmherziger Kritik schwer in sich zu erzielen.

*

Wirkung namhafter, gründlich arbeitender Autoren. Gegenwirkung journalistisch anonymer.

*

Ein geistreicher Humorist als quasi Poet, der, der Fülle seines Wissens und Empfindens gedenkend, sich in Tropen auszusprechen genötigt fühlt.

*

Trübe Stellen, wo die Intention des Dichters uns nicht klar entgegentritt, die man sich, weil man ihn liebt, erst auslegt und auf die man zurückkehrend immer eine gewisse Unbehaglichkeit empfindet.

*

Es kommt mir wunderbar vor, eine so tragische Schuld zu sehen, dass eine Tragödie gar nicht darauf zu folgen brauchte.

*

Abstumpfen des Geistes durchs Geistreiche.

*

Englische Stücke.
Das Verruchte des Stoffs,
das Absurde der Form,
verwerfliche Handlungen.
Vermaledeites englisches Theater!

*

Hersilie sagte von der Pilgernden Törin: »Wenn ich närrisch werden möchte, wie mir manchmal die Lust ankommt, so wäre es auf diese Weise.«

*

Das Erhabene, für uns Übererhabene, höchst Verehrungswerte, doch, genau besehen, mit einem absurden, ja infamen Empirischen Verbundene macht uns stutzig, und man entschließt sich schwer.

*

Es ist etwas unbekanntes Gesetzliches im Objekt, welches dem unbekannten Gesetzlichen im Subjekt entspricht.

*

Zum Schönen wird erfordert ein Gesetz, das in die Erscheinung tritt.
Beispiel von der Rose.
In den Blüten tritt das vegetabilische Gesetz in seine höchste Erscheinung, und die Rose wäre nun wieder der Gipfel dieser Erscheinung.
Perikarpien können noch schön sein.
Die Frucht kann nie schön sein; denn da tritt das vegetabilische Gesetz in sich (ins bloße Gesetz) zurück.

*

Das Gesetz, das in die Erscheinung tritt, in der größten Freiheit, nach seinen eigensten Bedingungen, bringt das objektiv Schöne hervor, welches freilich würdige Subjekte finden muss, von denen es aufgefasst wird.

*

Die Unmöglichkeit, Rechenschaft zu geben von dem Natur- und Kunstschönen; denn

ad 1. müssten wir die Gesetze kennen, nach welchen die allgemeine Natur handeln will und handelt, wenn sie kann, und

ad 2. die Gesetze kennen, nach denen die allgemeine Natur unter der besonderen Form der menschlichen Natur produktiv handeln will und handelt, wenn sie kann.

*

Schönheit der Jugend aus obigem abzuleiten.
Alter: stufenweises Zurücktreten aus der Erscheinung.
Inwiefern das Alternde schön genannt werden kann.
Ewige Jugend der griechischen Götter.

*

Beharren eines jeden im Charakter, bis zum Gipfel des menschlichen Daseins, ohne an die Rückkehr zu denken.

*

Die Schönheit: jede milde, hohe Übereinstimmung alles dessen, was unmittelbar, ohne Überlegen und Nachdenken zu erfordern, gefällt.

*

Vollkommene Künstler haben mehr dem Unterricht als der Natur zu danken.

*

Die höchste Absicht der Kunst ist, menschliche Formen zu zeigen, so *sinnlich* bedeutend und so schön, als es möglich ist.

*

Friedrich der Zweite zu Pferd nach Chodowiecki ist, in Zinn gemalt, in Nürnberg zu haben; gewöhnlich führt er die Soldaten der Kinder an und ist auch da noch ehrwürdig.

Ich möchte ihn aber doch auf ähnliche Weise weder in Lebensgröße, noch weniger kolossal mit Augen sehen.

*

Zeichnet doch eure patriotischen Gegenstände! Einen König, der auf einer Brunnenröhre sitzt und denkt! Ja, wenn ihr seine Gedanken zeichnen könntet!

Ein solcher König hat mit eurer bildenden Kunst [nichts] zu tun; er soll nur im Geist und der Wahrheit verehrt werden.

Zeichnet, stecht in Kupfer, bezahlt, verkauft, belohnt immer in offenbarer Stille, und wenn euch ein tadelnd Wort trifft, so lasst's ja hingehn; aber reizt nur niemanden, diese Armseligkeiten immer lauter und lauter vor den Ohren der Welt auszulachen!

Wenn ihr sagt: »Wir machen's so«, da hat kein Mensch was dagegen; sagt ihr aber: »Ihr sollt's auch so machen, euch nach unserer Beschränkung beschränken«, da kommt ihr um Vieles zu spät.

*

Paris ist offen, Italien wird's auch werden; solange uns der Atem bleibt, werden wir den Künstler in das Weite der Welt und Kunst und in die Beschränktheit seiner selbst weisen.

*

Beschränkt doch den Künstler nicht durch solche ...; fühlt sich doch ohnehin jeder in dem weitesten Welt-und Kunstgenuss beschränkt genug!

*

Sich in seiner Beschränktheit gefallen ist ein elender Zustand; in Gegenwart des Besten seine Beschränktheit fühlen ist freilich ängstlich, aber diese Angst erhebt.

*

Bei Betrachtung von Kunstwerken, sowohl dichterischen als bildnerischen, des dritten und vierten Jahrhunderts lässt sich bemerken, wie lange die Künstler noch am alten guten Sinne festgehalten haben, da schon alles um sie her dafür erstorben war. Erklärungsart der Kunstwerke auf diesem Wege. Sie sind keineswegs abstrus, sondern plastisch zu nennen. Siehe das Kapitolinische Basrelief mit dem Prometheus pp.

*

Das Menschliche, Liebenswürdige, Zarte unter der Form einer imaginierten bildenden Kunst. »Klosterbruder«, »Sternbald«.

*

Organische Natur: ins Kleinste lebendig; Kunst: ins Kleinste empfunden.

*

Konflikte
Sprünge der Natur und Kunst.
Eintretender Genius zur rechten Zeit.
Element genugsam vorbereitet.
Nicht roh und starr.
Auch nicht schon verbraucht.
Ebenso mit der Organisation.

*

Hier springt die Natur auch nur, insofern alles vorbereitet ist, als ein Höheres, in die Wirklichkeit Tretendes zur eminenten Erscheinung gelangen kann.

*

Dass die Natur, die uns zu schaffen macht, gar keine Natur mehr ist, sondern ein ganz anderes Wesen als dasjenige, womit sich die Griechen beschäftigten.

*

Die Griechen nannten Entelecheia ein Wesen, das immer in Funktion ist.

*

Die Griechen, wenn sie beschrieben oder erzählten, sprachen weder von Ursache noch von Resultat, sondern trugen die äußere Erscheinung vor.

Auch in der Naturwissenschaft machten sie keine Versuche wie wir, sondern hielten sich an den einzelnen Erfahrungsfällen.

*

Die Funktion ist das Dasein, in Tätigkeit gedacht.

*

Alle Wirksamkeit ist stärker am Mittelpunkt als gegen die Peripherie zu. Raum zwischen Mars und Jupiter.

*

Urphänomene: ideal, real, symbolisch, identisch.
Empirie: unbegrenzte Vermehrung derselben, Hoffnung der Hülfe daher, Verzweiflung an Vollständigkeit.
Urphänomen

*

ideal als das letzte Erkennbare,
real als erkannt,
symbolisch, weil es alle Fälle begreift,
identisch mit allen Fällen.

*

Ersparnis der Erfahrung,
Sündflut der Erfahrung,

Dinge, wovon man nicht reden würde, wenn man wüsste, wovon die Rede ist.

Wie das Unbedingte sich selbst bedingen und so das Bedingte zu seinesgleichen machen kann.

*

Dass das Bedingte zugleich unbedingt sei. Welches unbegreiflich ist, ob wir es gleich alle Tage erfahren.

*

Der Empirismus, zur Unbedingtheit erhöht/erweitert, ist ja Naturphilosophie. Schelling.

*

Dass es dem Menschen selten gegeben ist, in dem einzelnen Falle das Gesetz zu erkennen. Und doch, wenn er es immer [?] in Tausenden erkennt, muss er es ja wieder in jedem Einzelnen finden. Die großen Umwege [?] erspart sich der Geist.

*

Bei Naturforschung auf Anordnung, auf System auszugehen, hinderlich und förderlich.

Alles, was im Subjekt ist, ist im Objekt und noch etwas mehr.

Alles, was im Objekt ist, ist im Subjekt und noch etwas mehr.

Wir sind auf doppelte Weise verloren oder geborgen:
Gestehen wir dem Objekt sein Mehr zu,
Pochen wir auf unser Subjekt.

Jede [Erscheinung] ist zugänglich wie ein *planum inclinatum,* das bequem zu ersteigen ist, wenn der hintere Teil des Keiles schroff und unerreichbar dasteht.

*

Perspektivische Gesetze: die mit so großem Sinn als Richtigkeit die Welt auf das Auge des Menschen und seinen Standpunkt beziehen und dadurch möglich machen, dass jedes sonderbare, verworrene Gedräng von Gegenständen in ein reines, ruhiges Bild verwandelt werden kann.

*

Alle Verhältnisse der Dinge wahr. Irrtum allein in dem Menschen. An ihm nichts wahr, als dass er irrt, sein Verhältnis zu sich, zu andern, zu den Dingen nicht finden kann.

*

Wissen: das Bedeutende der Erfahrung, das immer ins Allgemeine hinweist.

*

Geschichte der Wissenschaft:
Was muss zu allen Zeiten den Menschen von Haus aus interessieren?

Wie hat man nach und nach gesucht, sich davon Rechenschaft zu geben oder sich zu beruhigen?

*

Geschichte des Wissens:
Was ist dem Menschen nach und nach bekannt geworden?
Wie hat er sich dabei und damit benommen?

*

Niederträchtigkeit der mittleren Zeit bis ins sechzehnte Jahrhundert, treffliche Menschen wie Aristoteles, Hippokrates durch dumme Märchen lächerlich und verhasst zu machen.

*

Unglücklich ist immer derjenige, der sich in Korporationen einlässt. Von Humboldt darf von allem nichts melden, als was in Paris gilt. Was soll denn da aus dem werden, was wir Wissen und Wissenschaft nennen? In hundert Jahren wird es ganz anders aussehen.

*

Redensarten, wodurch das, was das Genie in einer Folge und aus einer Folge entdeckt, als etwas Einzelnes und wo nicht Zufälliges, doch Unzusammenhängendes angesprochen wird.

*

Nicht bloß Barbaren mit Feuer und Schwert, nicht bloß Pfaffenobskurantismus: die Gelehrten selbst sind solche barbarische Obskuranten, die etwas, das pp.

*

Bei den Kontroversen darauf zu sehen, wer das Punctum saliens getroffen.

*

Mathematik sich immer mit dem ... und Würdigen beschäftigend. Verglichen mit dem Wollen und Dichten.

*

Mathematik, die auf Konviktion, Überführung ausgeht, weshalb gute Köpfe sich an ihr ärgern.

*

Man hört, nur die Mathematik sei gewiss; sie ist es nicht mehr als jedes andere Wissen und Tun. Sie ist gewiss, wenn sie sich klüglich nur mit Dingen abgibt, über die man gewiss werden und insofern man darüber gewiss werden kann.

*

Das ist eben das Hohe der Mathematik, dass ihre Methode gleich zeigt, wo ein Anstoß ist. Fanden sie doch dem Gang der himmlischen Körper nicht ihre Rechnungen gemäß und wendeten sich daher auf die Annahme [?] der Störungen, und diese Störungen noch immer zu viel oder zu wenig.

In diesem Sinne kann man die Mathematik als die höchste und sicherste Wissenschaft ansprechen.
Aber wahr kann sie nichts machen, als was wahr ist.

*

Was hat denn der Mathematiker für ein Verhältnis zum Gewissen, was doch das höchste, das würdigste Erbteil der Menschen ist, eine inkommensurable, bis ins feinste wirkende, sich selber spaltende und wieder verbindende Tätigkeit? Und Gewissen ist's vom Höchsten bis ins Geringste. Gewissen ist's, wer das kleinste Gedicht gut und vortrefflich macht.

*

Wenn diese Hoffnungen sich verwirklichen, dass die Menschen sich mit allen ihren Kräften, mit Herz und Geist, mit Verstand und Liebe vereinigen und voneinander Kenntnis nehmen, so wird sich ereignen, woran jetzt noch kein Mensch denken kann. Die Mathematiker werden sich gefallen lassen, in diesen allgemeinen sittlichen Weltbund als Bürger eines bedeutenden

Staates aufgenommen zu werden, und nach und nach sich des Dünkels entäußern, als Universalmonarchen über alles zu herrschen; sie werden sich nicht mehr beigehen lassen, alles für nichtig, für inexakt, für unzulänglich zu erklären, was sich nicht dem Kalkül unterwerfen lässt.

*

Alle Kristallisationen sind ein realisiertes Kaleidoskop.

*

Von denen selbst, die sich mit meiner Vorstellungsart befreundeten, ist keiner über mich [bricht ab]

*

Es war schon bei den Römern, wenn sie was Tüchtigs sagen wollten, sagten sie's *griechisch.* Warum wir nicht *französisch?*

*

Wie's kommt, dass eine fremde Sprache uns zum Ausdruck einer seltnen Empfindung mehr [bricht ab]

*

Die Frage über die Instinkte der Tiere lässt sich nur durch den Begriff von Monaden und Entelechien auflösen.

Jede Monas ist eine Entelechie, die unter gewissen Bedingungen zur Erscheinung kommt. Ein gründliches Studium des Organismus lässt in die Geheimnisse [bricht ab]

*

Bescheidenheit gehört in gute geschlossene Gesellschaft. Schon in größerer Sozietät steht das Unbescheidne immer im Vorteil, aber Derbheit, ja Grobheit gehört in eine Volksversammlung, wo der Pöbel mitreden will und den man überschreien oder selbst schweigen und sich nach Hause drücken muss. Übrigens kann ich die Newtonische Turba, sie bestehe aus Volk, Pharisäern oder Schriftgelehrten, welche das [bricht ab]

*

Das Wahre, Anerkannte sowie das Falsche, Angenommne werden nebeneinander aufgef [bricht ab]

*

... Das unheilbare Übel dieser religiösen Streitigkeiten besteht darin, dass der eine Teil auf Märchen und leere Worte das höchste Interesse der Menschheit zurückführen will, der andere aber es da zu begründen denkt, wo sich niemand beruhigt.

*

... Ich erwarte wohl, dass mir mancher Leser widerspricht; aber er muss doch stehenlassen, was er schwarz auf weiß vor sich hat. Ein anderer stimmt vielleicht mir bei, eben dasselbe Exemplar in der Hand.

*

... Denn eben, wenn man Probleme, die nur dynamisch erklärt werden können, beiseite schiebt, dann kommen mechanische Erklärungsarten wieder zur Tagesordnung.

*

... Was hat man sich nicht mit dem Granit beschäftigt! Man hat ihn mit in die neuern Epochen herangezogen, und doch entsteht keiner mehr vor unsern Augen. Geschäh es im tiefsten Meeresgrunde, so hätten wir keine Kenntnis davon.

*

... Es ist daher das Beste, wenn wir bei Beobachtungen so viel als möglich uns der Gegenstände und beim Denken darüber so viel als möglich uns unsrer selbst bewusst sind.

Nachlese

Der Mensch kann nur mit seinesgleichen leben, und auch mit denen nicht; denn er kann auf die Länge nicht leiden, dass ihm jemand gleich sei.

*

Der mittelmäßigste Roman ist immer noch besser als die mittelmäßigen Leser, ja der schlechteste partizipiert etwas von der Vortrefflichkeit des ganzen Genres.

*

Schauspieler gewinnen die Herzen und geben die ihrigen nicht hin; sie hintergehen aber mit Anmut.

*

Zu berichtigen verstehen die Deutschen, nicht nachzuhelfen.

*

Aus der Natur, nach welcher Seite hin man schaue, entspringt Unendliches.

*

Man muss eine Sache gefunden haben, wenn man wissen will, wo sie liegt.

*

Wer freudig tut und sich des Getanen freut, ist glücklich.

*

Mit Ungeduld bestraft sich zehnfach Ungeduld; man will das Ziel heranziehen und entfernt es nur.

*

Die jungen Leute sind neue Aperçus der Natur.

*

Setze den Stein nach der Richtschnur, nicht die Richtschnur nach dem Stein.

*

Ein lebhafter Mann, unwillig über das Betragen eines Frauenzimmers, ruft aus: »Ich möchte sie heiraten, nur um sie prügeln zu dürfen.«

*

Holzers Freiheit durch den frohen Begriff, an Häuser außen zu malen, erweckt.

*

Geschmack, der aus Gegenständen, die eigentlich keine schöne Form haben, eine schöne Form zusammensetzt oder hervorbringt. Gemälde in Augsburg bei Reischach.